EL NIÑO Y SU MUNDO

Superpapá

Cientos de sugerencias para sorprender a tus hijos y conectar con ellos

Giovanni Livera y Ken Preuss
Ilustraciones de Rob Smith, Jr.

ONIRO

Título original: *The Amazing Dad*
Publicado en inglés por The Berkley Publishing Group, a division
of Penguin Putnam Inc.

Traducción de Elena Barrutia

Diseño de cubierta: Valerio Viano

Fotografía de cubierta: Ed Bock / Stock Photos

Distribución exclusiva:
Ediciones Paidós Ibérica, S.A.
Mariano Cubí 92 - 08021 Barcelona - España
Editorial Paidós, S.A.I.C.F.
Defensa 599 - 1065 Buenos Aires - Argentina
Editorial Paidós Mexicana, S.A.
Rubén Darío 118, col. Moderna - 03510 México D.F. - México

© 2004 exclusivo de todas las ediciones en lengua española:
    Ediciones Oniro, S.A.
    Muntaner 261, 3.º 2.ª - 08021 Barcelona - España
    (oniro@edicionesoniro.com - www.edicionesoniro.com)

ISBN: 84-9754-104-9
Depósito legal: B-13.904-2004

Impreso en Hurope, S.L.
Lima, 3 bis - 08030 Barcelona

Impreso en España - *Printed in Spain*

Dedicatoria

Para mis abuelos, Dominick Livera y Earl Meyer, mi tío, William H. Dickinson, y mi padre, Giovanni Livera. Gracias por representar el papel de Superpapás con mis hermanos y conmigo.

Con todo mi amor,

GIOVANNI

Para mis padres, Bernie y Donna, que crearon momentos maravillosos al educar a tres niños muy activos. Para mi mujer, Sherrell, la Supermamá que me inspira todos los días. Para mi hijo, Jaret, cuya extraordinaria imaginación me permite revivir mi infancia.

Con cariño,

KEN

Aunque este libro es un homenaje a los padres y los hijos, también está dedicado a las mamás, los abuelos, los tíos y las tías, los hermanos mayores, los amigos de la familia, los profesores, las niñeras, los orientadores y cualquier otra persona que transmita magia y alegría a los niños.

Índice

PRIMERA PARTE

El superacróbata

CUARTA PARTE

El chófer de los Wilson

SÉPTIMA PARTE

El papá más atlético

DÉCIMA PARTE
El mejor amigo

Introducción

Eres un padre. Eres el hombre más importante del planeta. Eres un creador de momentos... de recuerdos... un ser muy especial a los ojos de tu hijo. Y ese papel va a mejorar. Estás a punto de convertirte en...

¡El Superpapá!

No nos entiendas mal. Ya estabas destinado a ser alguien especial mucho antes de abrir este libro. Tu hijo te ha admirado durante años (y no sólo por tu altura).

Ya posees un superpoder. Tienes la habilidad de llenar la vida de tu hijo de alegría e ilusión. Es un don excepcional que deberías apreciar. Nosotros sólo pretendemos ayudarte a desarrollarlo.

Como padre trabajas para mantener a tus hijos, para protegerlos, para enseñarles a distinguir el bien del mal. ¿Y de qué se acuerdan ellos? De los juegos.

Las siguientes páginas están llenas de momentos mágicos que cautivarán la imaginación de tu hijo: trucos infalibles transmitidos por padres, abuelos y tíos chiflados que sólo parecen estar ahí cuando se celebra un acontecimiento especial.

Muchas de estas ideas serán nuevas para ti. Algunas pueden ser variaciones de momentos que ya has experimentado. Y otras quizá sean recuerdos infantiles que están enterrados en tu memoria, esperando a que los recuperes para revivirlos.

Leer este libro te resultará más divertido de lo que puedas imaginar. Te proporcionará poderes con los que nunca has soñado. Te revelará secretos para compartir con tus hijos momentos que recordaréis toda la vida.

Está en tus manos. Pasa la página. Trasciende la realidad cotidiana. ¡Transfórmate en un Superpapá!

Consejos para esconder
este libro

Regla

Un superhéroe debe ser sigiloso. Forma parte del personaje, y ayuda a mantener el misterio. Como Superpapá tienes que ser coherente con tu papel (aunque no te pongas un disfraz).

La regla es muy sencilla: **¡No reveles la fuente de tus superpoderes!** Convence a tus hijos de que siempre has sido así. No permitas que te vean leyendo este libro.

Razón

¿Qué ocurriría si Superman se cambiara de ropa en público? Que echaría a perder la ilusión. La gente le vería simplemente como un tipo extraño con gustos raros para la ropa interior.

No querrás que esto te pase a ti. (Nos referimos a lo de la ilusión, aunque también deberías evitar lo de la ropa interior.)

Estrategia

Confía en nosotros. Para mantener tu estatus de superhéroe tendrás que ocultar este libro. Léelo cuando no estén los niños y luego escóndelo para que no sepan que existe.

Guárdalo en el armario en una caja de «Impuestos». Métalo en la cómoda debajo de un montón de calcetines. Ponlo en una estantería envuelto en las tapas de un libro casero titulado *Los beneficios de las espinacas*.

Relación

A los niños ni una palabra, pero ¿qué pasa con mamá? ¿Deberías compartir con ella tu secreto?

Nosotros creemos que sí. Enséñale el libro. De todas formas es muy probable que te lo haya comprado ella. (Estamos convencidos de que Superman podía volar, pero nunca nos tragamos que Clark pudiera ocultar sus secretos a la mujer que amaba.)

Con un aliado os convertiréis en un dúo dinámico. Si tu pareja lee el libro contigo podrá desarrollar sus propios superpoderes. Podrá distraer a los niños para que hagas consultas rápidas. E incluso podrá ayudarte a encontrar el libro cuando se te olvide dónde lo has escondido.

Tranquilidad

Esconder este libro es fácil y divertido. Es lo que debes hacer. Nosotros hemos recopilado la información para que tú puedas alcanzar la gloria. Queremos que seas un héroe, y tus hijos también.

Sigue leyendo. Sigue aprendiendo. Y sobre todo actúa con sigilo.

Antes de comenzar

Seguridad

Queremos que seas un Superpapá. Queremos que crees muchos momentos especiales. Queremos que tus hijos y tú disfrutéis todo lo posible. Pero no queremos que nadie se haga daño.

En este libro hay cientos de secretos fantásticos. Hay ideas estupendas para niños de todas las edades. Revísalas todas y luego elige las más apropiadas para tus hijos. Ten en cuenta su edad, fuerza y grado de madurez antes de intentar algo. Y considera también tu edad, fuerza y grado de madurez.

Si crees que tu hijo es demasiado pequeño para apreciar una ilusión o participar en una actividad déjala para más adelante. Recuerda que serás un Superpapá durante mucho tiempo.

Cuestión de género

Hemos escrito este libro para que disfrutes con él. Queremos que estas palabras te hablen directamente a ti, como si fuésemos unos antiguos amigos que comparten sus secretos. El problema es que no sabemos cómo referirnos a tus hijos. Puede que tengas un niño, una niña o cualquier combinación de ambos. Después de intentarlo todo para buscar una solución, y de comprobar que la mayoría de los intentos resultaban confusos, impersonales o incorrectos gramaticalmente, hemos decidido alternar las palabras hijo e hija a lo largo del texto sin ninguna intención de asignar roles específicos. Cualquier ejemplo que haga referencia a una niña vale también para un niño y viceversa.

Si ves que una descripción no se ajusta a tu caso no te saltes la actividad. Lee el apartado, sustituye el pronombre adecuado y continúa con el juego. (Si te resulta más fácil puedes corregirlo con un lapicero. Al fin y al cabo es tu libro.)

Lateralidad

He aquí un consejo práctico respecto a las palabras izquierda y derecha, que también hemos alternado. Si se indica que hagas algo con la mano izquierda puedes usar la derecha sin miedo a equivocarte. (Siempre que recuerdes utilizar la mano izquierda cuando se indique que uses la derecha.)

Comienza con la mano que quieras, pero sé coherente.

¡Preparados... listos... ya!

Lo que estás a punto de leer es asombroso, tanto en calidad como en cantidad. La abundancia de material te dejará desconcertado, sin saber por dónde comenzar. Nosotros te recomendamos que empieces practicando.

Vas a asumir el papel de Superpapá. Vas a disfrutar mucho, pero también vas a tener que tomártelo en serio. No intentes utilizar un superpoder hasta que estés seguro de que lo dominas. (Salir de la habitación en medio de un truco para echar un vistazo a un libro que se supone que no existe no es muy heroico.)

Así pues, ten un poco de paciencia antes de actuar. Adapta las actividades para que se ajusten a tu personalidad. Ensaya los movimientos. Memoriza las frases. Calcula bien el tiempo. Haz lo que sea necesario para que te encuentres cómodo y seguro.

Cuando estés listo para hacer una función presenta el material con todo tu entusiasmo. Diviértete. No tengas miedo. Métete en el personaje y crea unos momentos mágicos que tus hijos recordarán para siempre.

PRIMERA PARTE

El superacróbata

1
Papilandia
Cómo convertirte en un parque de atracciones

Abre las puertas del mundo de la aventura y dale a tu hijo una entrada para un parque temático inmediato. Crea una serie de atracciones sensacionales con vueltas, giros y emociones inesperadas. Será una experiencia increíble para los dos.

Montaña rusa

Agáchate para que tu hijo pueda subirse encima de ti con las manos sobre tus hombros y las piernas debajo de las axilas. Sujétale bien con los codos y agárrale los tobillos con las manos.

Inclínate hacia atrás y levántate despacio como si subieras por una pendiente, y luego inclínate hacia delante y muévete como si bajaras por una colina. Corre por una pista imaginaria llena de curvas cerradas, caídas inesperadas y espirales delirantes hasta llegar de nuevo al punto de partida.

No olvides añadir los ruidos típicos de la montaña rusa: el crujido de los raíles al ascender, el zumbido de las ruedas al caer en picado y la descarga de los frenos al detenerte. Si lo haces bien tu hijo aportará el sonido más importante de todos: los gritos de emoción.

Máquina antigravedad

Agarra bien a tu hija por la cintura para que pueda botar como un astronauta. Sujétala mientras ande por las paredes y el techo.

Consejo práctico: Asegúrate de que tu cosmonauta lleve un calzado adecuado. Si tiene los calcetines limpios al comenzar el paseo espacial tus paredes estarán limpias cuando termine.

Supertobogán

Siéntate en el borde de una silla con las piernas inclinadas, como si fuesen un tobogán, y ayuda a tu hijo a deslizarse desde tu cintura hasta las puntas de los pies. Pon un cojín blando en el suelo para amortiguar el aterrizaje.

Simulador de vuelo

Túmbate de espaldas, dobla las rodillas y apoya los pies en el suelo. Pon a tu hijo sobre ti con la cintura sobre tus rodillas, agárrale por las muñecas y extiende sus brazos como si fuesen las alas de un avión.

Inclínale hacia arriba para despegar. Sube y baja las rodillas para cambiar de altitud. Gira a la derecha y a la izquierda para hacer maniobras arriesgadas.

Triple emoción en la copa de un árbol

Extiende los brazos como las ramas de un árbol y dile a tu hija que trepe a ellos. (Quizá tengas que doblar una rodilla para que pueda apoyarse.)

Cuando esté bien sujeta haz el ruido de una avalancha de agua y grita «¡Inundación!». Muévete de un lado a otro como si el agua te empujara para que tenga que aferrarse a ti. Cuando lo consiga deja de moverte, como si el agua se hubiese detenido.

Al cabo de un rato empieza a temblar, grita «¡Terremoto!» y aumenta la intensidad de los temblores hasta que ella se agarre bien (sujétala con las manos si es necesario). Cuando el terremoto amaine abrázala con fuerza.

Mientras la estés abrazando comienza a dar vueltas despacio y grita «¡Tornado!». Gira cada vez más rápido como si el viento te arrastrara. Simula que caen otros árboles, ponte de rodillas y túmbate con cuidado en el suelo. Por último da un beso a tu hija por sobrevivir al peligro y reírse de él.

23

Paseo en poni

Átate un cinturón alrededor del pecho para que tu hijo pueda sentarse sobre tu espalda y agarrarse. Ponte a gatas y da un paseo sin prisa por el jardín. Para que resulte más divertido sacude las patas traseras, levanta las delanteras o párate a pacer antes de empezar a galopar.

SUPERLISTA
Diez formas de dar vueltas a tu hijo

1. Cogiéndole por las axilas.
2. Cogiéndole por las muñecas.
3. Sujetándole un pie y una muñeca.
4. Con su vientre sobre tu cabeza sujetándole por los costados.
5. Con su vientre sobre tu hombro agarrándole la espalda con un brazo.
6. Con su vientre sobre tus brazos y su cuerpo extendido como si fuera a volar.

7. Levantándole sobre ti como si fueras a lanzar un balón de baloncesto.
8. Rodeándole con tu brazo a un lado del cuerpo como si llevaras un balón de fútbol.
9. Sentado sobre tus hombros a caballito.
10. Agarrados el uno al otro en un abrazo giratorio.

2
Juegos de dedos
Un puñado de diversión digital

Si estás buscando un modo de entretener a tu hijo, siempre puedes recurrir a los dedos. Capta su atención con alguno de estos trucos y te ganarás su aprobación.

Elimina un dedo

Extiende la mano izquierda doblando la punta del dedo índice. Sustituye la punta doblada con el pulgar doblado de la mano derecha. Cubre la unión con el índice derecho y separa las manos.

Consejo práctico: Si tu pulgar es demasiado grueso para que parezca la punta del dedo índice dobla la punta del pulgar izquierdo.

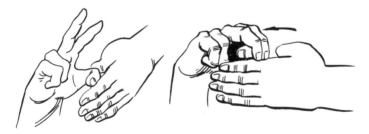

Añade un dedo

Demuestra a tu hijo que tiene once dedos con un sencillo truco matemático. Dile que levante las dos manos para que puedas hacer inventario. Cuenta los dedos de una mano hacia atrás: «Diez, nueve, ocho, siete, seis...». Luego señala rápidamente la otra mano y di «... más cinco, once».

Rómpete un dedo

Pon la mano derecha plana con la palma hacia arriba y los dedos extendidos. Agarra el anular derecho con la mano izquierda y apriétalo como si intentaras romperlo.

Dobla el dedo anular hacia atrás y chasquea disimuladamente el índice y el corazón de la mano izquierda. Como lo harás por debajo de la mano derecha sonará como si te hubieras roto el dedo.

Dedo perdido

MATERIALES: Caja pequeña de cartón con tapa • Bolas de algodón • Ketchup

Busca una caja pequeña de cartón con tapa. (Las cajas de pendientes de mamá son perfectas. Si no tiene una caja de pendientes olvídate del truco y sal a comprarle algo.)

Recorta un agujero en la parte inferior de la caja y mete un dedo dentro. Rodea el dedo con bolas de algodón y añade un poco de ketchup. Vuelve a poner la tapa. Sujétala con las dos manos para que no sea tan evidente que te falta un dedo y luego enseña a tus hijos lo que has encontrado.

Lío de dedos

Dile a tu hijo que cruce las muñecas delante de él y que entrelace los dedos. Luego dile que acerque los brazos para apoyar los dedos entrelazados en el pecho. Señala uno de sus dedos y dile que lo mueva. Al tener las manos al revés es muy probable que mueva un dedo equivocado y que se ría hasta que consiga acertar.

3
Utiliza la cabeza
Fantásticas locuras faciales

Si haces algo divertido con la cabeza tus hijos se partirán
de risa. Es una respuesta condicionada que probablemente se
remonta a los primeros juegos de «tocarse la nariz». ¿Quieres
comprobarlo? Sorpréndeles con estos fabulosos trucos
y observa cómo se ríen a carcajadas.

Hélice nasal

Convierte un palillo de dientes en la hélice de un avión que dará vueltas
en la punta de tu nariz.

Parte con cuidado un palillo redondo para que haya una pequeña
abertura en el centro. Vuelve a ponerlo en su posición original cerrando la

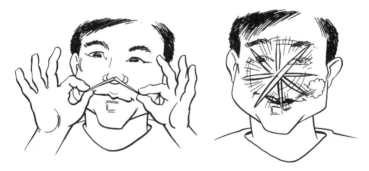

abertura para que quede sujeta a un pelo de la punta de tu nariz. Sopla hacia arriba por un lado de la boca para que el palillo empiece a dar vueltas.

Nariz rompible

He aquí un original truco que te permitirá cambiar de voz mientras te
rompes la nariz.

Habla a tu hijo con una voz divertida. Explícale que se te ha salido la
nariz y que vas a ponértela otra vez en su sitio. Coloca los dedos de ambas

manos a los lados de la nariz como si quisieras apretarla. Junta las manos para taparte la boca. Luego simula que te rompes la nariz moviendo rápidamente las manos a la derecha o a la izquierda. Para que suene más convincente chasquea un pulgar contra los dientes de arriba.

Repítelo unas cuantas veces haciendo voces cómicas hasta que la nariz vuelva a su posición normal.

Ojos lavables

Crea una visión inesperada para intentar mejorar tu vista. Sácate los ojos y lávalos delante de tu hija.

Lleva la mano derecha al ojo derecho como si fueras a cogerlo. Cierra el ojo cuando lo «cojas» para que parezca que te lo has sacado de la cuenca. Baja la mano rápidamente y finge que te metes el ojo en la boca como si fuese una uva. Repite los mismos movimientos con el ojo izquierdo.

Cuando tengas los dos «ojos» en la boca remuévelos como si te estuvieras enjuagando con un colutorio. Da forma a los ojos pasando la lengua por la parte interior de las mejillas. Cuando termines de lavarlos finge que te los sacas de la boca y te los vuelves a poner en las cuencas.

Abre despacio los párpados con los ojos cruzados. Levanta las manos, sácate de nuevo los dos ojos, cruza las manos y coloca cada ojo en su sitio.

Lengua controlable

Aprieta tu nariz con el dedo índice y saca la lengua como si la presión la hiciera salir.

Tira del lóbulo de la oreja derecha y mueve la lengua hacia la derecha. Tira del lóbulo de la oreja izquierda y mueve la lengua hacia la izquierda. Repítelo un par de veces y luego tira de los dos lóbulos al mismo tiempo para que la lengua vuelva al centro.

Tira de la parte inferior de la barbilla para meter de nuevo la lengua en la boca.

Oreja atascada

MATERIALES: Un bastoncito de algodón • Crema de queso

Este fantástico truco te permitirá sacar algo inesperado de la oreja. Es una de las actividades más «jugosas» que podrás realizar.

Para empezar unta un bastoncito con crema de queso. (Sí. Lo has entendido bien. Si esta parte te parece desagradable quizá prefieras pasar a otro truco.) Espera a que tu hijo te hable y actúa como si tuvieras problemas para oírle.

Llévate el bastoncito a la oreja derecha manteniendo el lado del queso escondido con la mano para que sólo se vea el lado limpio.

Aparta un poco la oreja derecha y haz gestos como si intentaras limpiártela. Gira el bastoncito disimuladamente y luego date la vuelta despacio. Por último enseña a tu hijo el bastoncito y remata el truco diciéndole que es sólo queso.

SUPERMOMENTO
Los asombrosos dientes del tío Harvey

Conocí al tío Harvey cuando tenía cinco años. Tras guiñarnos un ojo se tiró de la oreja derecha y se le cayeron los dientes de arriba. Luego se tiró de la oreja izquierda y se le cayeron los dientes de abajo. Después se apretó la nariz y todos sus dientes desaparecieron. Y por último se tiró de las dos orejas y volvieron a aparecer.

Mi hermano y yo nos quedamos maravillados, y entonces él nos dijo que también nosotros podíamos hacerlo.

Mientras lo intentábamos sin ningún éxito, el tío Harvey comentó que sin duda alguna estábamos haciendo algo mal: «¿Por qué no intentáis mover los dientes mientras os tiráis de las orejas para que se aflojen?». No nos imaginábamos por qué él podía hacerlo y nosotros no.

Años después me enteré de que había dentaduras postizas y descubrí el asombroso secreto del tío Harvey.

4
Choca esos cinco
Cinco juegos de manos

La historia de las palmadas ha tenido sus altibajos. Es un saludo tradicional que parece haber perdido vigencia. Pero en manos de Superpapá sigue siendo un gran éxito. He aquí cinco formas de divertirse sin dejarse la piel.

Temblores

Cuando tu hija te dé una palmada haz que tiemble tu mano derecha como si tuvieras un muelle en la muñeca. Extiende la mano y dile que te la agarre para que deje de temblar. Detén el temblor y luego haz que tiemble la mano izquierda del mismo modo. A partir de aquí vete un paso por delante de ella.

Si suelta la mano derecha para coger la izquierda haz que vuelva a temblar la derecha. Si te coge las dos manos empieza a dar golpecitos con un pie. Si te pisa ese pie para detenerlo da golpecitos con el otro pie.

Agita cualquier extremidad que tengas libre hasta que se suba a los dos pies y te agarre las dos manos. Haz una pausa para que crea que lo ha conseguido y luego empieza a sacudir la cabeza y a mover los labios. Cuando incline la frente para que te pares o simplemente te suelte y se eche a reír recompénsala por sus esfuerzos con un gran abrazo.

Molino de viento

Cuando tu hijo te dé una palmada deja que la fuerza empuje tu mano hacia abajo para que tu brazo gire por detrás y acabe sobre tu cabeza. Mira hacia arriba para ver qué te ha golpeado y luego pregunta a tu hijo si ha

visto algo. Encógete de hombros ante su respuesta y dile que te dé otra palmada. Repite el movimiento un par de veces fingiendo que estás cada vez más nervioso por descubrir qué pasa.

Para finalizar, anuncia que vas a darte la vuelta rápidamente para ver de qué se trata. Cuando tu hijo te dé otra palmada gira la parte superior del cuerpo para mirar hacia atrás de forma que la mano choque contra tu cara. Date la vuelta con una sonrisa tonta para demostrarle que estás bien, haz una mueca y vete tambaleándote.

Consejo práctico: Al tener la cara girada, puedes fingir que el choque final te ha dolido sin hacerte ningún daño.

Palmadas con vuelta

Caminad el uno hacia el otro con las manos derechas levantadas para daros una palmada. Fallad el toque, pero dejad que los brazos sigan su camino para que las manos se choquen abajo al cruzaros.

Juegos de manos caseros

Escribe unas rimas sencillas y crea tus propios juegos de manos. He aquí algunos consejos para comenzar:

Cambio de dirección	Cambio de posición	Cambio de dedos
Cinco a la izquierda,	Cinco en el codo,	Choca esos dos,
cinco a la derecha,	cinco en el pie,	choca esos tres,
cinco en el medio,	cinco en la muñeca,	cuatro para mí,
con todo tu empeño.	cinco en el peroné.	y uno para ti.

Palmadas rápidas

Dile a tu hijo que ponga las manos hacia arriba. Ponte delante de él y coloca tus manos hacia arriba debajo de las suyas. Mueve un poco los dedos y luego saca rápidamente una mano para intentar darle una palmada antes de que pueda apartarse.

Si lo logras ganas cinco puntos y la oportunidad de intentarlo de nuevo. Si fallas cambiará el turno. Si un jugador aparta las manos antes de que el otro intente darle una palmada pierde cinco puntos. El juego termina cuando uno de los dos consigue veinticinco puntos.

Asegúrate de que no haya golpes fuertes para que nadie se haga daño.

SEGUNDA PARTE

El creador de aventuras

5
Fuertes fantásticos
Diseños sencillos para juegos dinámicos

Cuando tu hijo quiera hacer una acampada, formar un club o simplemente esconderse del mundo, tu deber como padre es proporcionarle un pequeño espacio. Lo hagas donde lo hagas, recuerda que lo más importante es la imaginación.

Fuertes al aire libre para todas las estaciones

Invierno
Fortaleza helada

Este castillo es el lugar perfecto para hacer una batalla de bolas de nieve. Levanta cuatro muros sólidos con nieve apilada. Construye el muro trasero sobre una tabla para hacer un túnel por debajo.

Remata los muros con almenas para esconderte y lanzar las bolas entre ellas. Pon en la parte interior una repisa para que puedas apilar y coger las bolas de nieve sin tener que agacharte. Construye dos castillos para librar una batalla de bolas de nieve colosal.

Primavera
Refugio natural

Cuando la naturaleza esté en todo su esplendor crea una zona de sombra en el jardín para que tus hijos descansen y observen el medio ambiente. Cuelga una cuerda entre dos objetos altos y resistentes. Echa una lona por encima y luego clava los extremos al suelo. (Si usas un par de sábanas sujétalas con unas pinzas.)

Verano
Piscina cubierta

MATERIALES: Cuatro postes de cuatro por cuatro • Dos estacas • Dos piscinas de plástico • Clavos • Un martillo • Un mazo

Ayuda a tus hijos a combatir el calor con una actividad refrescante. Lo único que necesitas son dos piscinas de plástico y unas cuantas maderas.

Clava cuatro postes con firmeza en el suelo para que la primera piscina encaje bien en el centro. Después clava dos estacas en la parte interior de los postes para formar unos soportes paralelos. Y por último coloca la segunda piscina boca abajo para que sirva de tejado. Llena la piscina de abajo con agua y burbujas y remata el tejado con un aspersor.

Otoño
Cabaña de hojas

Recompensa a tus hijos por recoger las hojas del jardín convirtiéndolas en un escondite privado con la ayuda de una caja grande. Recorta una solapa ancha y sujétala con unos palos para que sirva de puerta y de marquesina. Apila las hojas y las ramas sobre la caja hasta que quede cubierta toda la estructura. Cuando acaben de jugar mete todo en la caja y llévala a la basura.

SUPERLISTA
Diez fuertes de interior
fáciles y rápidos

1. Reservado. Extiende una sábana entre la cama y una cómoda o un armario. Cubre el suelo con cojines, pon tentem-

piés en los cajones inferiores y guarda material de lectura debajo de la cama.

2. Búnker. Mete el extremo de una sábana por debajo del colchón y el otro extremo por debajo del somier. Pon sábanas de un lado a otro para cubrir el «búnker» por completo.

3. Cámara privada. Coloca cuatro sillas en las esquinas de un cuadrado imaginario. Pon los asientos hacia dentro para que tu hija pueda usarlos como repisas. Echa una sábana sobre los respaldos para que pueda esconderse debajo.

4. Camping. Pon las sillas del porche de lado para que tus hijos acampen en el centro. Extiende unas toallas grandes de playa por encima para formar un tejado.

5. Cuartel general. Despeja el fondo de un armario para que tu hija tenga un hueco debajo de la ropa colgada. Pon plantas de plástico frente a la puerta abierta para camuflar la entrada.

6. Cueva. Pon los cojines del sofá de lado o colócalos entre el sofá y la mesa para que tu hijo tenga un sitio cómodo en el que esconderse. Al hacerlo quizá encuentres unas cuantas monedas o el mando de la televisión que se había perdido.

7. Guarida. Dile a tu hija que se esconda en el hueco de un escritorio. Utiliza unos libros para sujetar el extremo de una sábana encima de la mesa. Pon el otro extremo sobre el respaldo de la silla.

8. Torre. Coge todas las almohadas y los cojines de la casa. Haz con ellos una torre, métete dentro y verás que cómoda resulta (aunque se caiga).

9. Habitación con vistas. Separa las cortinas de las paredes poniendo los bordes sobre los respaldos de unas butacas y deja que tu hijo se instale detrás de ellas.

10. Tienda de campaña. Coloca una manta grande sobre una mesa para que tu hija se esconda debajo. Crea un espacio adicional sacando las sillas, dándoles la vuelta y poniendo los extremos de la manta sobre los respaldos.

Para más ideas sobre fuertes de interior, véase capítulo 6: «Cajas multiusos».

6
Cajas multiusos
Ideas creativas con cartón

Los niños sienten una especial atracción por el cartón. Una caja grande de un electrodoméstico puede mantenerles entretenidos durante horas, y Superpapá sabe por qué: una caja vacía está llena de posibilidades.

Coche fantástico

Pon una caja en el suelo y corta una abertura en la parte superior dejando una solapa hacia abajo para hacer el salpicadero. Decora el salpicadero con botones o rotuladores y sujeta un plato de papel con un clavo para crear el volante.

Pega platos de papel para las ruedas y usa materiales de manualidades para hacer los faros, las puertas y otros accesorios. Utiliza un par de sillas para los asientos delanteros y encaja entre ellas un rollo de papel higiénico para que represente la palanca de cambios. Deja que tu hijo conduzca a toda velocidad con un amigo de peluche a su lado. Los asientos traseros (y los pasajeros de atrás) son opcionales.

Televisión gigante

Recorta una ventana para hacer la pantalla. Utiliza rotuladores o botones para añadir las teclas y recorta una solapa en la parte de atrás para que tus hijos puedan entrar y salir del aparato. Haz un mando a distancia de cartón y luego cambia de canal mientras tus hijos dan las noticias, recrean sus programas favoritos o inventan sus propios espacios.

Horno infantil

Dibuja cuatro quemadores redondos en la parte superior de una caja y luego recorta una puerta delante. Pon una silla pequeña dentro para formar la parrilla del horno. ¿Quién sabe lo que guisarán en él tus hijos?

Pecera

Pinta el interior de una caja para que parezca agua y recorta una ventana a un lado. Ata unos cuantos peces de cartulina a unos hilos y cuélgalos en la parte de arriba por unos agujeros. Dile a tu hija que se meta dentro y finja ser un buceador, una sirena o un monstruo marino.

Caja sorpresa

Decora los lados de una caja con varios colores y añade una manivela hecha con rollos de papel higiénico. Mete a tu hijo dentro y cierra con cuidado las solapas. Guarda en la caja unas cuantas pelucas y sombreros divertidos para que pueda cambiarse rápidamente y sorprenderte cada vez que salga. Pon un magnetófono dentro para que haya un poco de música.

Casa de juguete

Recorta en una caja puertas y ventanas y pega las solapas superiores con cinta adhesiva para formar el tejado. Decora las paredes de la casa con rotuladores, pegatinas o papel de regalo. Utiliza cajas más pequeñas para amueblar el interior. Por último cuelga unos cuantos cuadros en las paredes y tu hija tendrá su propia casa dentro de la tuya.

Lugar de trabajo perfecto

Para niños con las ideas claras, adapta una casa de juguete para crear una tienda, un parque de bomberos o una oficina. Prepárate para hacer algunos ajustes cuando tu hijo decida cambiar de trabajo o consiga un ascenso.

Castillo

Dibuja unas cuantas piedras en los muros exteriores y luego recorta unas ventanas altas y estrechas. Haz un puente levadizo recortando una solapa que se abra de arriba abajo. Ata una cuerda a la parte posterior de la solapa para que se pueda cerrar desde el interior. Diseña una bandera familiar y colócala en una torre de vigilancia hecha con una caja más pequeña.

Superordenador

Dibuja palancas, teclas y luces por todo el exterior de una caja. Coloca objetos para manipular. Añade botones para apretar, interruptores para pulsar y una calculadora vieja para introducir la información. Usa platos de papel para las cintas y un rollo de papel de cocina para imprimir. Escóndete en la caja con lápiz y papel. Escribe las respuestas a las preguntas de tu hijo y pásalas por una ranura lateral.

Nota: Utiliza las mismas ideas con cajas más pequeñas para que tus hijos puedan usar las creaciones con sus juguetes.

7
Experiencias con nieve
Una avalancha de diversión congelada

Has hecho ángeles de nieve. Has tirado bolas de nieve.
Has cogido copos de nieve con la lengua. Todo eso está muy
bien, pero el interés de tus hijos está empezando a enfriarse.
No dejes que se queden helados. Ponte a trabajar
y crea unas sorpresas blancas que sin duda alguna les harán
entrar en calor.

Muñeco de nieve parlante

¿Te gustaría hacer un muñeco de nieve que ande y hable? Aún
estamos trabajando en lo de andar, pero lo de hablar lo
hemos conseguido.

HOLA, ¿DE PASEO?

Envuelve un *walkie-talkie* en la bufan-
da de tu muñeco de nieve o ponlo debajo
de su sombrero. Escóndete cerca y habla a
cualquiera que se acerque. Inicia conver-
saciones: «Buen tiempo, ¿verdad?», pregunta
cosas: «¿Podría decirme la temperatura?» y haz cumplidos: «Ya me
gustaría a mí tener esas piernas».

Para hacer un muñeco de nieve menos sofisticado, pero igual de par-
lanchín, habla por el extremo de una manguera que pase por su cuerpo y
salga por la boca.

Muñeco de nieve invertido

Construye un muñeco de nieve de tres niveles que se sujete
sobre la cabeza. Comienza formando la cabeza y añadiendo
los rasgos de la cara. Cuando termines ponla boca abajo
en el suelo. Haz el segundo nivel del muñeco de
nieve un poco más ancho con dos brazos que se apo-

yen en el suelo. Haz el nivel superior más o menos del mismo tamaño que el segundo y pon dos botas con las suelas hacia arriba.

SUPERMOMENTO
Huellas espeluznantes

Hace unos cuantos inviernos mi hijo y yo ideamos una estratagema para divertirnos con nuestros vecinos. Hice un par de pies de madera de tamaño descomunal y los sujeté a mis botas. Y una noche que nevaba nos quedamos esperando a que todos se durmieran.

Entonces coloqué a mi hijo sobre mis hombros y me puse las botas. Con su creativo sentido de la orientación y mis zancadas dejamos un rastro de huellas profundas y muy espaciadas por los jardines de las casas cercanas. Después tomamos una taza de chocolate caliente, nos fuimos a la cama y dormimos hasta tarde mientras los vecinos se despertaban y se quedaban sorprendidos.

Hemos repetido la broma tres inviernos seguidos, y pensamos seguir haciéndolo hasta que alguien descubra nuestro monstruoso plan.

Bloques de hielo

Crea el surtido de bloques más refrescantes que tu hijo ha visto en su vida. Busca varios envases desechables abiertos (de yogur, cartones de huevos, cajas de zumo con la parte de arriba recortada). Llénalos de agua, sácalos fuera en la siguiente helada y deja que se endurezcan.

Después de cortar y tirar los envases empieza a construir. Apila unas figuras sobre otras o echa un poco de agua entre ellas para que se queden pegadas. Estos bloques de hielo darán mucho juego... al menos hasta que se derritan.

Copos de nieve ampliados

MATERIALES: Una cartulina negra • Una lupa • Copos de nieve

Presencia un milagro único de la naturaleza con una técnica muy sencilla. Mete una cartulina negra en el congelador hasta que caiga una buena nevada. Entonces saca la cartulina, deja que los copos de nieve se posen sobre ella y luego míralos rápidamente a través de una lupa.

Como los copos son muy frágiles tu hijo y tú veréis muchos fragmentos deshechos en el papel. Pero no te desanimes. Sigue recogiendo copos y mirándolos. Enseguida descubrirás uno especial que ha sobrevivido al impacto para que vislumbres todo su esplendor.

Helado de nieve

Prepara un postre rápido y muy sabroso. Todos los ingredientes que necesitas, excepto la nieve, deberías tenerlos en la cocina. (Si tienes nieve en la cocina olvida la receta y arregla el tejado.) Para empezar reúne estos ingredientes:

> **1 taza de leche condensada**
> **1½ tazas de leche entera**
> **1½ cucharaditas de extracto de vainilla**
> **½ taza de azúcar**
> **8 tazas de nieve limpia recién caída**
> **Varios aderezos (crema de chocolate, fideos, guindas)**

Para conseguir una nieve pura, pon fuera una cazuela limpia mientras esté nevando. Déjala en un sitio donde no la contaminen los humos de los coches o los animales. Cuando tengas suficiente métela dentro.

Mezcla todos los ingredientes en un cuenco grande echando la nieve al final. Si el helado no queda muy espeso añade un poco más de nieve. Sirve raciones individuales en cuencos pequeños. Pon en la mesa un surtido de crema de chocolate, guindas y fideos de colores para que cada uno pueda decorar su helado como prefiera.

Escribiendo en la nieve

Escribe en la nieve sin dar mal ejemplo a tus hijos. Llena varios sprays con agua y colorantes alimentarios para hacer dibujos, escribir mensajes y jugar a diferentes juegos.

8
Juegos de arena
Emociones playeras

Un día en la playa es simplemente lo que decidas hacer con
él. Así pues, haz algo divertido. Rompe barreras y escala
muros para crear aventuras con las que tus hijos
se lo pasarán en grande.

Volcán

Hacer un volcán de escayola o arcilla es una actividad típica que asusta incluso a los padres más atrevidos. La mayoría teme la misma situación: que el invento destroce la casa y mamá sea la única que explote.

Para construir un volcán fácil y seguro lleva algunos materiales a la playa y crea un «desastre natural» en la orilla. Haz una montaña de arena dura, abre un agujero en el centro y mete dentro un vaso de plástico. Para formar la lava añade los siguientes ingredientes (en este orden):

1 cucharada de bicarbonato
1 o 2 gotas de colorante rojo (para que parezca lava candente)
¼ vaso de vinagre

Mantente alejado cuando el volcán entre en
erupción y observa cómo se emocionan tus
hijos. .

Repite el proceso tantas veces como te lo
permitan los materiales y luego re-
cógelo todo. ¡No olvides el vaso de
plástico! Deja que el mar se lleve los
restos de tu volcán.

Momia

Túmbate boca arriba con los brazos cruzados sobre el pecho. Cierra los ojos, quédate quieto y deja que tus hijos echen arena sobre tu cuerpo. Cuando estés casi cubierto sorpréndeles saliendo de repente de tu tumba. Ponte de pie y persíguelos como si fueses una momia.

Consejo práctico: Echa un vistazo de vez en cuando mientras te estén enterrando. Si los niños se toman muy en serio lo de la momia pueden taparte hasta la cabeza.

Salva al soldado/Protege a la princesa

Lleva a la playa un muñeco de plástico que se mantenga seco un rato entre una ola y otra. Haz un montículo de arena, pon el muñeco encima y luego trabaja rápidamente con tu hija para salvarlo de la siguiente ola. Construye fosos, muros o canales para desviar el agua hacia otro lado.

Cuando venga una ola apártate y observa. (Tirarse de lado delante de la estructura es una maniobra espectacular, pero ilegal.) Si el agua alcanza al muñeco, cógelo para que no se lo lleve y vuelve a comenzar unos pasos más atrás. Si el muñeco se mantiene en pie repara los daños estructurales y espera a que llegue otra ola. Calcula cuánto tiempo puedes proteger la fortaleza.

VARIACIONES: Intentad mantener dos muñecos a salvo en montículos separados. Trabajad juntos o competid para ver quién tiene más éxito.

Arenas movedizas

Ponte en la orilla y clava los dedos en la arena cada vez que una ola te cubra los pies. Cuando el agua retroceda te irás hundiendo cada vez más.

Consejo práctico: Está bien que seas atrevido para impresionar a los niños, pero no esperes a que el agua te llegue a la barbilla.

SUPERLISTA

Diez cosas para construir
además de castillos de arena

1. **Un animal.** Un dragón dormido, una ballena varada o un león.

2. **Una ciudad.** Múltiples estructuras de diferentes alturas con calles entre ellas. Ponle un nombre original, como Arenópolis o Waterland.

3. **Un fuerte.** Muros cuadrados con torres en las esquinas y algo importante que haya que proteger (juguetes, caracolas e incluso a mamá).

4. **Un laberinto.** Un conjunto de muros y senderos para que los muñecos deambulen por ellos.

5. **Una sirena.** Cubre las piernas de tu hija con arena y luego esculpe el montículo para que parezca la cola de una sirena.

6. **Una persona.** Una cabeza graciosa saliendo de la arena o un «muñeco de arena» (piensa en un «muñeco de nieve» sin el mal tiempo).

7. **Pirámides.** Montañas con lados triangulares lisos y una esfinge haciendo guardia.

8. **Una montaña rusa.** Una torre alta y resistente con pistas para que bajen rodando las bolas de arena.

9. **Un barco.** Una estructura cóncava o medio casco inclinado como si estuviera hundido en la arena.

10. **Un OVNI.** Un platillo volante y alienígenas decorados con algas, caracolas o ramas.

9
La isla del tesoro

En busca del tesoro escondido de un pirata

¿Has soñado alguna vez con encontrar un mensaje en una botella o descubrir el tesoro de un pirata? Seguro que tu hijo sí lo ha hecho. Haz realidad sus sueños y participa en la aventura. Lo tenemos todo planeado para ti.

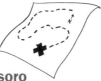

Cómo organizarlo

1. Prepara el cofre del tesoro

Busca algo que se pueda utilizar como cofre. He aquí algunas sugerencias:

una caja de puros · un joyero viejo · una caja de aparejos · una vasija de porcelana · una fiambrera

Si usas una fiambrera infantil cubre los dibujos o inventa una historia para relacionarlos con los piratas. («Los piratas solían ir sobre estos ponis hasta el final de estos bonitos arco iris para buscar cuencos de oro».)

2. Llena el cofre del tesoro

Llena el cofre con objetos pequeños que le resulten divertidos a tu hijo y sean seguros para la playa. Comienza con estos y añade tus propias ideas:

joyas (piezas de disfraces o cosas viejas de mamá) · monedas (extranjeras) · fichas de juegos · piedras de colores · caramelos · juguetes y baratijas

3. Introduce el mapa

Hemos dibujado un mapa para ti. Lo único que tienes que hacer es aparentar que perteneció a un pirata real. Fotocopia el mapa en papel vegetal, añade unas manchas de té y quema los bordes para que parezca más auténtico. (Los piratas eran famosos por encender hogueras y derramar bebidas mientras usaban sus copiadoras.) Te aseguramos que el mapa te conducirá a algún tesoro, siempre que recuerdes dónde lo has escondido. Para conseguir una versión en color puedes visitar nuestra página web: (www.amazingdad.com).

Enrolla el mapa, átalo con una cuerda y vacía una botella de vino. (No hemos podido encontrar el modo de incluir la botella con el libro, así que tendrás que vaciar una de las tuyas. Cuando acabes quita las etiquetas.) Mete dentro el mapa y deja fuera el extremo de la cuerda. De esa manera resultará más fácil sacarlo. Sólo falta que pongas el corcho en la botella y ya lo tienes todo listo.

Cómo ponerlo en práctica

1. Lleva el material a la playa

Esconde la caja y la botella en un sitio donde tu hijo no pueda verlas, por ejemplo en una bolsa de playa, en una silla plegable o en medio de un montón de toallas.

2. Entierra el tesoro

Dile a mamá que distraiga a los niños. Pueden jugar en el agua, recoger caracolas o ir a buscar algo que se os ha «olvidado» en el coche. Cava un hoyo, entierra la caja y haz una «X» para marcar el lugar con algas, caracolas o una cruz en la arena.

Cubre la «X» con una toalla o una silla. Vuelve a sentarte y pon tu mejor cara de póquer (y un poco de crema para el sol).

3. Lanza la botella

Mientras tu hijo esté jugando en el agua lleva la botella a la orilla disimuladamente. Envuélvela en una toalla o escóndela en la parte de atrás de tu bañador. Mete la botella en el agua, y cuando el niño no esté mirando sá-

Tienes en tus manos una nota muy especial que puse en una botella para que se mantuviera a flote. Ha viajado muchas millas a través de las olas y el viento evitando a cualquiera que no fuera valiente y honesto. Ha llegado a ti, y eso significa que eres alguien en quien puede confiar un viejo capitán pirata. Estoy atrapado en una isla y no puedo recuperar el tesoro que enterré hace mucho tiempo en esa playa. Con la edad que tengo ya no lo necesito, así que te lo entrego para que lo guardes como si fuera tuyo. Comienza tu aventura en el dibujo de la espada y sigue el mapa para reclamar tu recompensa.

El primer paso es una tarea divertida y muy sencilla, pon los talones en el agua y los dedos de los pies en la orilla.

Ahora mira hacia donde apunta tu sombra, y da veintidós pasos laterales en sentido contrario.

Elige una línea longitudinal, y anda en perpendicular a esa señal.

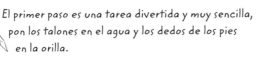

Busca el horizonte mirando hacia el mar, y da diez zancadas hacia atrás.

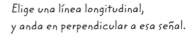

Túmbate boca arriba y descansa un momento, enseguida te pondrás muy contento.

Levántate, estira los brazos, y da dieciséis saltitos a 60°.

Camina en espiral desde el punto en el que te encuentras, y hallarás el tesoro bajo la «X» marcada en la arena.

cala para que pueda verla. Si te pilla con ella en la mano dile que la acabas de encontrar y que te estabas preguntando qué era. Ayúdale a fijarse en el papel que hay dentro.

4. Comienza la búsqueda

Saca la nota, léela en voz alta y utiliza tus conocimientos para descifrar las vagas instrucciones. (En otras palabras, ve en la dirección que quieras.) El plano estratégico te permitirá guiar a tu hijo hasta el tesoro, y las extrañas descripciones os harán reír por el camino.

5. Descubre el tesoro

El mapa te conducirá al objeto que has puesto sobre la «X». Si el niño no mira debajo, finge que

estás decepcionado. Levanta la toalla o la silla como si fueras a marcharte para descubrir la «X» casualmente. Ayuda a tu hijo a cavar (deja que sea él quien encuentre el tesoro), abre la caja y asómbrate al ver las riquezas que contiene.

Recoge la nota y la botella al iros, y no olvides las joyas y las piedras preciosas. Mientras tu hijo se lleva a casa la magnífica recompensa tú te llevarás un recuerdo maravilloso, sabiendo que el auténtico tesoro es la aventura que has compartido con él.

TERCERA PARTE

El rey de la creatividad

10
Cumpleaños mágicos
Cómo cumplir años sin envejecer

El nacimiento de tu hijo llenó tu vida de alegría. Tu misión como padre es poner esa misma alegría en todos sus cumpleaños. Marca el paso del tiempo haciendo que cada cumpleaños sea realmente especial y buscando maneras de celebrarlo a lo largo del año.

Árbol de cumpleaños

Planta un árbol cuando nazca tu hijo y sácale una foto junto a él todos los años. Cuelga tarjetas de cumpleaños de las ramas para decorarlo.

Canción de cumpleaños

Anuncia a todo el mundo que vas a cantar «la canción del cumpleaños». Afina las cuerdas vocales y aclárate la garganta con gestos exagerados para dar la impresión de que estás a punto de interpretar un gran número musical.

Haz que la gente dé palmadas y anímales a unirse a ti cuando estén preparados. Ignora las protestas de «no sabemos la letra» y comienza a cantar con todo tu entusiasmo.

(Con la melodía de Éstas son las mañanitas)
(Despacio al principio) **Ésta es tu canción...**
de *(más rápido)* **cumpleaños, que se ha acabado ya...**

Párate de repente en la última palabra y márchate dejando al público sorprendido y riéndose. **NOTA MUSICAL:** Si a tu hija le gusta cantar, ensaya la canción con ella para hacer un dúo en las fiestas.

51

Pizza de pepinillos especial

La próxima vez que encargues una pizza para la fiesta de cumpleaños de tu hijo pide que formen con las rodajas de pepinillo la edad del niño.

SUPERMOMENTO
La niña más popular del mundo

Poco antes de que mi hija cumpliera diez años me puse en contacto con todos los parientes, amigos y compañeros de trabajo que pude. Les di la fecha de su cumpleaños y les pedí que llamaran a casa entre las diez y las doce.

Mi hija se sintió como una reina mientras todo el mundo la felicitaba, y aún tenía una sonrisa en la cara cuando sus amigos llegaron a las dos para la fiesta.

Fracciones de cumpleaños

Puede que los niños teman a las fracciones en clase de matemáticas, pero suelen utilizarlas con entusiasmo para decir su edad. («Tengo cuatro años y medio», «Tengo siete años y tres cuartos».) ¿Por qué no aprovechas ese entusiasmo y lo amplías?

Cuartos

Marca en el calendario los dos cuartos de cumpleaños de tu hija. (En teoría hay cuatro, pero el que los cuenta eres tú.)

Cuando la niña cumpla tres años y un cuarto dale esa cantidad en la moneda de tu país. Seis meses después, cuando tenga tres años y tres cuartos, ajusta la cantidad a su edad exacta.

A medida que aumenten los pagos mejorará su comprensión y su aprecio por las finanzas, pero con un poco de suerte se olvidará de los cuartos de cumpleaños antes de que te arruines.

Consejo práctico: Si estás contando calderilla porque te recuerda que tiene veintinueve años y tres cuartos te habrá salido caro.

Fiesta de medio cumpleaños

Celebra el medio cumpleaños de tu hijo exactamente seis meses después del último cumpleaños y seis meses antes del siguiente. Prepara la fiesta haciéndolo todo a medias.

Invitaciones. Haz invitaciones caseras, córtalas por la mitad y entrégalas en medios sobres. (Asegúrate de incluir la dirección completa para que los invitados no lleguen sólo a mitad de camino.)

Regalos. Anima a los invitados a llevar medios regalos (medio par de calcetines) o a dividir un regalo en dos partes y presentar cada mitad por separado.

Adornos. Divide todo lo que puedas. Haz medios sombreros de cumpleaños. Cuelga media pancarta. Llena a medias media piñata con dulces cortados por la mitad. ¿Que los globos no se pueden cortar? Entonces ínflalos a medias.

Velas. Compra una vela con forma de número y corta la mitad de arriba de modo que aún se pueda encender. La vela para un niño de cinco años debería ser medio seis, puesto que está ya a mitad de camino.

Comida. Servir la mitad de comida puede ser el doble de divertido. Hornea medio pastel o sirve pastelitos partidos por la mitad. Prepara medios perritos calientes en medios panecillos. Corta unos conos por la mitad de arriba abajo, ponlos tumbados y añade media cucharada de helado.

Actividades. Canta la mitad del *Cumpleaños feliz*. Pon media cola a medio burro. Termina la fiesta a medias para que la celebración dure la mitad de lo habitual.

Consejo práctico: Jugar a poner la cola al burro con media venda no funciona.

Si organizas una fiesta divertida y original tu hijo se divertirá «el doble».

11
Fotografías deslumbrantes
Sugerencias para instantáneas originales

Si una imagen vale más que mil palabras, imagina lo que vale una cámara llena de película. Introduce a tus hijos en la fotografía para desarrollar la creatividad, crear un sentido histórico y obtener unas fotos estupendas.

Sustitutos de «patata»

Si miras a través de un objetivo y pides a un niño que diga «patata», ¿qué consigues? Que mueva la boca para esbozar una sonrisa artificial. No es precisamente un momento Kodak. Si estás un poco aburrido de la «patata», sorprende a tu hijo con algo inesperado y captarás una auténtica sonrisa.

Qué decir en lugar de «patata»:

Palabras que rimen: «¡Hojalata!», «¡Chapata!», «¡Piñata!».
Combinaciones disparatadas: «¡Mermelada de espinacas!», «¡Saltamontes fritos con ketchup!».
Nombres absurdos: «¡Saturnino Panivino!», «¡Juanita Banana!».
Palabras sin sentido: «¡Dabadabadú!», «¡Patatín patatán!».

¡POTEITO!

Tú sabes cómo hacer sonreír a tu hijos. Utiliza la imaginación y consigue una prueba fotográfica de lo felices que puedes hacerles.

Fotos dentro de fotos

Crea una sorprendente imagen fotográfica de tu hijo sujetando una foto suya en la que sujete una foto suya sujetando otra foto. Para ello sigue estos pasos:

Haz la foto n.º 1 (un primer plano de tu hijo) y revélala.
Haz la foto n.º 2 (un primer plano de tu hijo sujetando la foto n.º 1) y revélala.
Haz la foto n.º 3 (un primer plano de tu hijo sujetando la foto n.º 2) y revélala.
Continúa hasta que se te acabe la paciencia (o el rollo).

Puedes crear esta imagen en muy poco tiempo con una cámara instantánea o digital, o convertirlo en algo verdaderamente especial haciendo las fotos en intervalos de un año (cada cumpleaños, cada Nochevieja, el primer día de cada curso escolar).

Búsqueda fotográfica

Haz una lista de los lugares y las cosas interesantes que haya en tu barrio y luego combina las ideas para que tus hijos hagan fotografías con las que podrán conseguir puntos. He aquí un ejemplo: Una foto de un niño con un casco de rugby montado en una bicicleta con un osito de peluche. Cada tipo de balón que se incluya en la fotografía tendrá puntos adicionales.

Establece unas cuantas reglas (hasta dónde pueden llegar, cuándo deben volver) y después supervisa los resultados. Advierte a otros padres que hagan lo mismo si de repente aparece un grupo de búsqueda en su casa. Concede cinco puntos por cada objeto que se vea bien en una foto y luego deja que los niños hagan un álbum de recuerdos.

Tebeo con fotografías

He aquí una forma divertida de usar una cámara para hacer un tebeo. Ayuda a tus hijos a crear una historia (una aventura, un romance, una parodia de una película o un cuento de hadas) e ilústrala haciendo fotografías de muñecos. Pon las fotos en un álbum, escribe unas líneas para cada una y luego enseña el tebeo a vuestros amigos y familiares. Si tiene éxito podéis empezar con la segunda parte.

VARIACIÓN: En vez de usar muñecos, haced tebeos en los que aparezcan los miembros de la familia, los amigos o los animales de la casa.

SUPERMOMENTO
Las aventuras de Skippy

Skippy es un payaso de cerámica que mi padre tiene desde que era pequeño. Cuando mamá lo sacó de su cuarto para venderlo en un mercadillo, papá lo recuperó diciendo que para él tenía un valor sentimental. Mamá se rió y comentó que simplemente le daba vergüenza que los vecinos supieran que era suyo.

Luego le dijo que si no hacía algo con él, lo tiraría. Entonces papá tuvo una idea genial y empezó a llevar a Skippy con nosotros de vacaciones. Sacamos fotografías de Skippy en todo tipo de lugares exóticos. Skippy en una montaña rusa. Skippy en la Estatua de la Libertad. Skippy entrenando con los Yankees. Incluso permitimos que fuera de vacaciones con amigos de confianza para tener fotos de él en sitios donde no habíamos estado.

El álbum de fotos de sus aventuras es tan divertido que ahora a mamá no le importa que Skippy y su álbum estén sobre la mesa de la sala.

12
Función
de marionetas
Qué usar, dónde y qué hacer con ellas

Sé el alma de la fiesta dando vida a una marioneta para entretener a tus hijos y representar los papeles que quieras. Prueba con estas sugerencias. Las marionetas se pueden hacer prácticamente con cualquier cosa. Para crear algunas de las que se incluyen a continuación necesitarás rotuladores, una cuchara, tus dedos, ropa de muñecos, un calcetín con botones y lana, un guante de horno, un sombrero... sólo tienes que dejar volar tu imaginación.

SUPERLISTA
Diez cosas para crear una marioneta

1. Dedos. Pinta caras en las yemas de tus dedos y cúbrelos con ropa de muñecos, trajes de papel o tiritas con dibujos.

2. Puño. Cierra la mano, dobla la punta del pulgar hacia dentro y luego muévelo para hacer una boca parlante. Añade ojos, labios y una expresión.

3. Sombreros. Mete la mano en un gorro y ponlo de lado. Convierte un gorro azul de punto con pelo en un monstruo peludo, un gorro de cocinero en una nube habladora o un sombrero vaquero amarillo en un sol sonriente.

4. Muñeco. Sujeta un muñeco por los pies y representa una función por encima de tu cabeza. Para añadir efectos especiales haz que el muñeco se ría o llore.

5. Objetos inanimados. Coge un objeto y ponle voz. Crea a la lámpara Amparo, el teléfono Telesforo o la cuchara Cuchufleta.

6. Calcetines sueltos. Convierte los calcetines sueltos en personajes curiosos. Usa rotuladores o botones para hacer los rasgos de la cara y lana o algodón para el pelo.

57

7. Guantes de horno. Haz unas marionetas calentitas con una versión más mullida de los calcetines.

8. Ramas. Crea unas marionetas muy naturales. Usa ramitas para los cuellos y los brazos, flores para las cabezas, musgo para el pelo y hojas para la ropa. Cuando acabes de usarlas ponlas en el jardín para espantar a las hormigas.

9. Utensilios de cocina. Pinta una cara en una cuchara vieja de madera. Cubre el mango con ropa de muñecos o una fotografía de una revista. Confecciona una criatura similar con un tenedor, o piensa qué se puede hacer con un batidor de huevos.

10. Tu hijo. Siéntale en tu regazo como si fuera el muñeco de un ventrílocuo y dile que mueva la boca cuando le des un golpecito en el cuello, o ponte de pie detrás de él moviendo unas cuerdas imaginarias para que baile como una marioneta.

SUPERLISTA
Diez posibles escenarios

1. Una bolsa. Mete el codo en una bolsa y pégatela al cuerpo con la marioneta asomando.

2. Una caja grande. Recorta una ventana a la altura que quieras y luego siéntate o arrodíllate dentro.

3. Una manta. Tápate con una manta de forma que sólo se vea la marioneta.

4. Un sofá. Arrodíllate detrás de él y saca las marionetas por encima.

5. Sillas. Coloca una escoba entre dos sillas, echa una manta sobre ella y escóndete detrás.

6. Una puerta. Pon una barra de cortina con ventosas en la puerta, cúbrela y representa la función a un lado u otro.

7. Nada. Coge una marioneta y que comience el espectáculo.

8. Una caja pequeña. Corta un agujero en un lateral y pasa por él la mano de forma que la marioneta salga por arriba. Agarra la caja con la otra mano o ponla sobre una superficie.

9. Una cortina de ducha. Asoma las marionetas por el medio, por un lado o por encima.

10. Una mesa. Siéntate a un lado con la marioneta a la vista o escóndete debajo asomando la marioneta.

SUPERLISTA

Diez cosas para hacer con las marionetas

1. Representar un cuento de hadas.
2. Parodiar una película.
3. Entrevistar a varios muñecos.
4. Besar a un niño en la mejilla.
5. Lanzar un ataque de cosquillas.
6. Cantar una canción.
7. Interpretar una obra de teatro original.
8. Recrear aventuras familiares.
9. Enseñar una lección.
10. Contar un chiste.

13
Ni hablar de coser
Disfraces y accesorios fáciles y rápidos

La próxima vez que tus hijos quieran jugar a disfrazarse sorpréndeles con tu imaginación. Haz cualquier cosa con casi nada.

Diecisiete fabulosos disfraces

Prismáticos. Une dos rollos de papel higiénico por los extremos con cinta adhesiva. Para hacer unos prismáticos más potentes utiliza rollos de papel de cocina.

Botas. Dile a tu hijo que meta los pies en una bolsa de papel y luego enróllasela a las piernas. Decora las botas con rotuladores para determinar si son espaciales, vaqueras o un diseño de moda.

Gorro de chef. Pon el extremo abierto de una funda de almohada sobre la frente de tu hija. Pásaselo por encima de las orejas, ata detrás lo que sobre con una goma y luego ahueca la parte de arriba para darle forma.

Corona. Recorta una corona en cartulina, decórala y grápala para que tenga el tamaño adecuado. (**Consejo práctico:** Pon las grapas antes de colocársela a tu hijo para que no tenga que llevarla siempre encima.)

Falda hawaiana. Corta la parte superior de una bolsa de papel y recorta unos flecos en la parte inferior. Dile a tu hija que se la ponga como una falda y sujétasela con un cinturón para que pueda bailar con ella.

Chaleco indio. Abre una bolsa de papel de arriba abajo. Recorta agujeros para la cabeza y los brazos y luego corta unos flecos en la parte inferior. Pinta dibujos en el chaleco y en la cara y el cuerpo del indio que lo lleve.

Traje de kárate. Ponle a tu hija una de tus viejas camisas blancas. Para el cinturón usa una corbata de muchos colores. (Pero no la que te regaló ella el Día del Padre.)

Varita mágica. Pega una estrella de cartulina en la punta de un lapicero de colores. Decórala con lazos o brillantina para que la utilice un hada madrina, un hada buena, un mago, una bruja o un hechicero.

Megáfono. Corta la mitad inferior de una jarra de leche de plástico. Luego dile a tu hijo que agarre el asa y hable por la abertura.

Robot. Utiliza una bolsa de papel o una caja mediana. Corta agujeros para la cabeza y los brazos y decórala con dibujos de cables y botones.

Cucurucho. Enrolla una hoja de periódico para formar un cono y pega los extremos con cinta adhesiva. Decóralo para que le vaya bien a una bruja, un mago, una doncella o un burro.

Estrella de sheriff. Recorta una estrella de cartón, cúbrela con papel de aluminio y ponla en una camisa. También se puede utilizar como una estrella arrojadiza si el sheriff quiere convertirse en un ninja.

Escudo. Pinta la parte delantera de un plato de papel, corta una tira en el centro de otro y pega la tira en la parte posterior para hacer un asa.

Estetoscopio. Ata un tapón de plástico o una ventosa al extremo de unos auriculares de una radio portátil.

Casco espacial. Recorta un agujero en la parte delantera de una bolsa de papel para que tu hijo asome la cara por él. Decóralo con pinturas o rotuladores.

Telescopio. Decora dos rollos de papel de cocina. Une los extremos con cinta adhesiva o mete el primero en uno un poco más ancho.

Toga. Envuelve una sábana doblada alrededor de la cintura de tu hija y echa el resto sobre su hombro. Es perfecta para representar papeles de emperadores y gladiadores y para fiestas universitarias.

CARTULINA

CUCURUCHO DE PAPEL

ÁFONO CTEO

TOGA CON SÁBANA

LECO APEL

AS APEL

GORRO CON FUNDA DE ALMOHADA

ESCUDO CON PLATO DE PAPEL

CAMISA LARGA

RBATA

SUPERMOMENTO
Mascarada

Un día mis hijos y yo alquilamos unos disfraces y salimos fuera a cenar. Cody era un soldado de *La guerra de las galaxias*, Jocelyn iba de pollito y yo llevaba un traje del Lejano Oeste con un bombín, una camisa arrugada y unos anteojos.

En el restaurante todo el mundo intentaba imaginar dónde íbamos. Cuando les dijimos que sólo habíamos salido a cenar les pareció una idea estupenda.

Al regresar a casa una señora se acercó a nosotros y nos preguntó si íbamos a una fiesta. Cuando le explicamos lo que estábamos haciendo se rió y les dijo a los niños que tenían el padre más divertido del mundo. Fue una gran noche que sin duda alguna vamos a repetir.

14
El árbol de papel de papá
Cinco lecciones para crecer

Ésta es una de nuestras actividades favoritas. Si pones en ella todo tu empeño también se convertirá en una de tus preferidas. Deja a tu hijo fascinado con un juego en el que se utilizan cinco hojas de papel de periódico para hacer un fabuloso árbol. Añade un toque dramático recitando un poema y usando el árbol para transmitir un mensaje especial.

Cómo hacer el árbol de papel

Coge cinco páginas dobles de periódico y ponlas una encima de otra. Enrolla la primera para formar un tubo y detente a unos doce centímetros del borde. Añade otra página, sigue enrollando y vuelve a detenerte a unos doce centímetros del borde. Empalma la tercera, la cuarta y la quinta del mismo modo, enrollando la última página hasta el final para completar el tubo.

Aplana el tubo, sujétalo por arriba y comienza a rasgarlo en línea recta por el medio. Rasga un par de centímetros cada vez y detente cuando quede más o menos un tercio del tubo. Aplana el tubo por el otro lado para que las tiras rasgadas queden juntas. Vuelve a rasgar el tubo por el medio en sentido contrario.

Ahora tienes cuatro franjas rasgadas compuestas por varias tiras. Dóblalas hacia fuera desde el centro como si fuesen las hojas de una palmera.

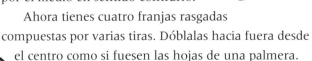

Por último, coge el tubo por la base y saca la página del centro hacia arriba con un movimiento rápido. Los tubos se desplegarán, haciendo que el árbol se estire todo lo posible.

Cómo presentar el poema

El mejor modo de presentar el poema es simplemente memorizarlo y recitarlo mientras se hace el árbol. No es tan difícil como parece.

Hay una estrofa inicial para cuando extiendas el papel, una estrofa para cada hoja que añadas y una estrofa final para cuando rasgues las tiras. Tus acciones te ayudarán a recordar la letra, y la letra te ayudará a recordar las acciones. Calcula el tiempo de la presentación para que puedas desplegar el árbol justo después del último verso.

Si no te sientes capaz de aprender todo el poema memoriza sólo el primer y el último párrafo. Fotocopia los cinco del medio y pégalos a cada una de las hojas de papel. Lee los versos mientras añadas cada página antes de seguir enrollando.

Lo hagas como lo hagas, presenta el poema con pasión y entusiasmo para crear una experiencia que tu hijo no olvidará jamás.

Cinco lecciones para crecer

Un día mi padre se acercó a mí sonriendo,
desplegó ante mí cinco hojas de papel
y me dijo que cada una era una semilla:
un granito de sabiduría que me ayudaría a crecer.
Puso la primera hoja extendida,
la enrolló un poco con expresión afable,
y me dio el primer consejo de mi vida:
«No olvides nunca ser agradable».
Mientras yo sonreía y pensaba en esto,
cogió la siguiente hoja con un simple gesto,
la enrolló con la primera y me dijo:
«En todo lo que hagas sé honesto».
Luego cogió la tercera en silencio,
la enrolló de igual modo pacientemente
y me dijo mirándome a los ojos:
«Cree en ti mismo y procura ser valiente».
Después cogió la cuarta hoja,
la unió al resto con maestría,
y mientras la entrelazaba le oí decir:
«Busca un motivo para reírte todos los días».
Entonces cogió la última hoja y me sonrió.
Yo estaba deseando saber cuál era la quinta semilla,
y mientras la enrollaba con las demás añadió:
«Enseña lo que sabes para que tus conocimientos pervivan».
Luego dijo: «Si plantas estas semillas en tu corazón,
siempre serás fuerte aunque nos digamos adiós».
Seguí sus consejos y con ellos crecí,
y ahora yo te los transmito a ti.

CUARTA PARTE

El chófer de los Wilson

15
Viajes delirantes
Diversión al volante

Ponte en el asiento del conductor y convierte el coche familiar en una atracción sobre ruedas. La clave para que tu próximo viaje sea toda una aventura es un puñado de sorpresas inesperadas. He aquí algunos trucos fantásticos para que te pongas en marcha.

Bocina del copiloto

Presume de la bocina que acabas de instalar en el asiento del copiloto. Explica que lo has hecho por razones de seguridad, para que los pasajeros puedan tocarla si ven algo que tú no ves. Demuestra cómo funciona inclinándote hacia la guantera. Pulsa la cerradura, el logotipo o cualquier superficie plana y da un bocinazo.

¡MOC MOC!

El efecto se consigue desviando la atención. Mientras extiendas la mano derecha para pulsar la guantera pon la izquierda en el volante y toca la bocina disimuladamente.

Radiocontrol

Mientras ates los cinturones a tus hijos comenta que el coche ha estado haciendo tonterías últimamente. Arráncalo y di que no estaría mal poner un poco de música antes de salir. Cuando vayas a encender la radio conecta al mismo tiempo el limpiaparabrisas.

Entonces di: «¿No os parece raro? Fijaos en esto». Cambia de emisora y acelera la velocidad del limpiaparabrisas en cuanto encuentres una canción con un ritmo rápido. Señálalo y comenta: «Es como si la radio le hiciera bailar».

Deja el limpiaparabrisas conectado y luego prueba con alguna de estas combinaciones disparatadas:

Gira el botón hacia la derecha y baja las ventanillas de la izquierda.
Gira el botón hacia la izquierda y baja las ventanillas de la derecha.
Gira el botón hacia adelante y baja las ventanillas traseras.
Gira el botón hacia atrás y baja las ventanillas delanteras.

Ajusta el sonido para cerrar todas las ventanillas, apaga la radio para detener el limpiaparabrisas y explica que todo funcionará bien cuando el coche comience a moverse.

Anuncia que vas a cerrar las puertas antes de ponerte en marcha. Cuando te inclines para apretar el botón suelta tu asiento para que se recline. Ponlo derecho, lanza una carcajada y empieza a conducir.

Semáforo rojo

La próxima vez que estés parado en un semáforo rojo dile a tu hija que haga un poco de magia para que se ponga en verde.

Dedica un momento a explicarle cómo debe hacerlo. Enséñale un poema mágico (*Semáforo, atiende, pasa del rojo al verde*), un gesto mágico (*gira la mano y chasquea los dedos*) o una palabra mágica (*Presto*).

Mientras le enseñas el truco fíjate en los otros semáforos para saber cuándo va a cambiar de color. Dile que haga el hechizo en el instante preciso para que coincida con el cambio.

Estornudo espectacular

Inclina la cabeza hacia atrás como si estuvieras a punto de estornudar. Al echarla hacia delante con un sonoro «¡Achís!» mueve la palanca del depósito de agua para que el parabrisas se llene de re-

pente de líquido. Después de decir «¡Vaya potencia!», conecta el limpia-parabrisas para limpiar las huellas del estornudo.

Oración para aparcar

Mientras des vueltas por un aparcamiento buscando un espacio libre pide una pequeña intervención divina diciendo esta oración: *«Dioses de la ciudad, concededme un sitio para aparcar»*.

Recita las palabras justo antes de llegar a un hueco que hayas visto antes que tus hijos. Entra en él como si te lo hubieran concedido por arte de magia.

SUPERMOMENTO
Luces mágicas

Cuando éramos pequeños íbamos mucho a casa de mi abuela. Para aprovechar mejor el tiempo papá solía conducir de noche, y pasábamos las horas con un juego que él llamaba «Luces mágicas».

Mi hermano y yo decíamos las palabras mágicas «Piticlín, piticlán, vamos a jugar al desván», y como por arte de magia los faros del coche daban más luz. Luego repetíamos la frase y misteriosamente la luz volvía a ser normal.

Papá no nos dijo nunca que cambiaba las luces con un pedal, así que nos mantuvo asombrados durante años.

16
Experiencias sobre ruedas
Breves consejos para viajes largos

Los viajes largos pueden provocar caras largas aunque el destino sea un sitio fantástico. Cuando tus pasajeros necesiten un poco de ánimo, haz algo especial. Consigue kilómetros de sonrisas y convierte el recorrido en parte de la diversión.

Reporteros itinerantes

Lleva en el coche una grabadora pequeña para que puedas hacer reportajes con tu hijo a lo largo del trayecto.

Al comenzar el viaje graba con tu hijo una conferencia de prensa:

–Papá, estamos a punto de entrar en las montañas. ¿Podrás controlar el coche?
–No me preocupan esas pendientes, hijo, pero me dan un poco de miedo las emisoras de música country que tendremos que escuchar.

Con comentarios por el camino:

–Llevamos tres horas de viaje y sólo hemos visto campos de ganado.
–¡Mira! ¡Ahí hay otra vaca!

Y entrevistas a desconocidos en lugares extraños:

–¿Vienen familias raras a este restaurante?
–Además de la nuestra, por supuesto.

Las crónicas resultarán entretenidas durante el viaje, y las grabaciones, durante años.

Retos curiosos

Haz una lista de cinco a diez retos que tengas que superar con tu hija antes de llegar a vuestro destino. Adapta los retos a vuestros intereses y a la ruta a seguir.

He aquí algunos ejemplos:

1. Cada uno debe probar un nuevo refresco y una nueva chocolatina.
2. Debemos visitar un lugar con un cartel que diga «El mejor del mundo» o «El más grande del mundo».
3. Debemos parar en un sitio donde podamos pisar la tierra de dos estados o provincias.

Al hacer la lista no olvides incluir esta regla: que los retos sean seguros y divertidos.

Si se completa la lista con éxito hay que celebrarlo con algo especial, y si no, también; así todos podrán reír de lo bien que lo pasaron intentándolo.

SUPERMOMENTO
Los viajes temáticos de papá

¡HACIA EL OESTE!

Cuando íbamos de vacaciones mi padre llevaba música, comida y accesorios relacionados con el viaje. Cuando fuimos a Texas compró sombreros vaqueros, puso música del Oeste y hablaba del coche como si fuese una carreta.

Para los viajes que hacíamos más de una vez (como el trayecto de ocho horas para ir a casa de tía Carol), mis hermanas y yo teníamos que elegir un tema. De ese modo hicimos safaris, misiones espaciales e incluso viajes submarinos.

SUPERLISTA
Diez juegos para el coche

1. Abecedario. Completad el alfabeto buscando las letras por orden en los carteles publicitarios. Competid para ver quién lo consigue antes.

2. El mejor. Elige una categoría para que todo el mundo pueda dar su voto. (Mejor película de la historia, mejor jugador de fútbol o el mejor CD que tenemos.)

3. Doble identidad. Después de que todo el mundo adopte un nuevo nombre (tan serio o absurdo como quiera), consigue un punto cada vez que alguien use el viejo.

4. Matrículas. Buscad matrículas de todas las provincias, números del 1 al 10 o significados absurdos para las letras (CCR podría ser Club de Coches Roñosos, Coleccionistas de Cucarachas Rojas o Cacatúas Cantoras de Rusia).

5. Mi palabra. Todo el mundo debe elegir una palabra y luego intentar que los demás la digan. Cada jugador gana un punto cada vez que alguien dice su palabra, pero pierde un punto si la dice él mismo. Prohíbe las palabras cortas (el, y, la) y los tacos (¡¡@#!!).

6. Diez nombres. Elegid varias categorías y pensad juntos para buscar ejemplos. (Podéis nombrar diez jugadores de tenis, diez gatos de dibujos animados o diez tipos de pasteles.)

7. ¿Quién conoce la canción? Busca una canción en la radio. Adjudica un punto a la persona que diga el título y otro a la que sepa el nombre del cantante.

8. Sorpresa especial. Esconde unos cuantos regalos (chicles, juguetes, monedas) y dáselos al niño que adivine una palabra secreta, vea un coche determinado o divise una señal concreta.

9. Veinte preguntas. Los jugadores deben adivinar el nombre de una persona famosa con veinte preguntas que se respondan con «sí o no». (¿Es un hombre? ¿Dónde vive? ¿Es una estrella de televisión?)

10. ¿Quién eres? Cada jugador debe crear un personaje basado en las letras del alfabeto. (Me llamo Belinda. Estoy casada con Bartolomé. Tengo una ballena llamada Bámbola. Voy a las Bermudas a comprar bizcochos porque soy una bailarina.)

17
Concurso rodante

Trivial automovilístico

Hay muchos juegos de preguntas, pero la mayor fuente de conocimientos del mundo es sin duda alguna Superpapá. Ensayando un poco (y con una documentación mínima), puedes convertir un simple viaje en coche en un concurso sobre ruedas con el que los niños pensarán y sonreirán al mismo tiempo.

Sintonía

Rompe la monotonía de un viaje mundano con una sintonía original. Improvisa una canción o modifica la de un programa de televisión popular. (Entona la melodía de *Misión Imposible* o cambia la letra de *Érase una vez*.)

Asegúrate de que la sintonía capte la atención de los niños para que sepan qué viene a continuación. Si el concurso se convierte en una tradición acabarán aprendiéndola y cantándola contigo.

Presentación/Entrevista

Transforma a los pasajeros en jugadores adoptando una voz de locutor y dándoles la bienvenida al programa. He aquí un ejemplo:

«*En directo, desde el fantástico coche de la familia Martin, ha llegado la hora de vuestro concurso favorito... ¿Quién sabe qué? Os habla el superpresentador Danny Martin. Vamos a conocer ya a los concursantes de hoy. En primer lugar tenemos a una guapísima niña de trece años que sueña con ser animadora... ¡Abby Martin! También nos acompaña un gran jugador de fútbol de diez años que sueña con salir con una animadora... ¡Alex Martin! Y por último tenemos a una exanimadora y maravillosa mamá cuya edad no vamos a revelar... ¡la bella Madeline Martin!*»

Haz una pequeña entrevista a cada jugador haciéndole preguntas absurdas sobre su vida. («*Alexander, me han dicho que te gustan los viajes espaciales. Háblanos un poco de eso.*»)

Sonido personal

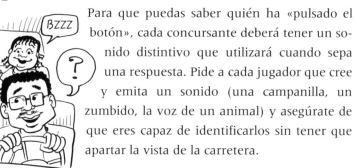

Para que puedas saber quién ha «pulsado el botón», cada concursante deberá tener un sonido distintivo que utilizará cuando sepa una respuesta. Pide a cada jugador que cree y emita un sonido (una campanilla, un zumbido, la voz de un animal) y asegúrate de que eres capaz de identificarlos sin tener que apartar la vista de la carretera.

Categorías

Elige unos cuantos temas que domines (fútbol, postres, dibujos animados) y selecciona algunos específicos para los concursantes (grupos de música, videojuegos, parientes raros).

Para conocer los gustos de tus hijos, antes de salir echa un vistazo rápido a sus revistas, examina su música o siéntate a ver uno de sus programas de televisión favoritos y toma notas mentales.

Con cuatro o cinco datos de cuatro o cinco temas tendrás más que suficiente. Cuando quieras puedes eliminar o añadir nuevas categorías.

Juego

Para que el juego (y el coche) vayan bien, sigue este clásico formato de seis pasos:

1. Un jugador elige una categoría.
2. Después de hacer una pregunta espera a que alguien «pulse el botón».
3. Si la respuesta es correcta se añaden puntos al total del jugador.
4. Una respuesta incorrecta resta puntos.
5. Cuando un jugador no responde correctamente puede intentarlo otro.
6. El que responda correctamente elige la siguiente categoría.

Puntos

El valor de los puntos dependerá de ti. Haz que cada pregunta tenga el mismo valor, aumenta los valores al continuar en una categoría o asigna puntos al azar cuando sea necesario. (*«Abby, vas perdiendo por dos mil trescientos catorce puntos, y curiosamente, esta pregunta vale justo eso.»*)

Final

El juego termina cuando se te acaben las preguntas (o, en el peor de los casos, cuando te quedes sin gasolina). Deja que el ganador elija la emisora de radio o escoja un sitio para comer. Da un premio de consolación a los finalistas permitiéndoles que sugieran categorías para el siguiente programa.

18
Diversión higiénica
Vamos a lavar el coche

Cuando haya que lavar el coche intenta ser creativo para convertir la tarea en algo realmente especial. Mezcla las pompas de jabón con algunas sorpresas pasadas por agua y tendrás la diversión asegurada.

Pompas mágicas

Chasquea los dedos y transfórmate en el mago de las pompas de jabón; un hombre con unas manos increíbles capaces de crear el objeto más frágil del mundo.

Forma un aro con las manos uniendo los índices y los pulgares. Métalas en un cubo de agua jabonosa para que el aro quede cubierto por una película de jabón. Saca las manos del agua y empieza a soplar poco a poco. Desliza una mano sobre otra para cerrar el aro y sellar la pompa.

Deja que tus hijos lo intenten y luego organiza un concurso para ver quién puede hacer la pompa más grande.

Museo de espuma

Mete las manos en un cubo de agua con jabón, ponte la espuma por la cara e impresiona a tus hijos con imitaciones originales de personajes famosos. Haz una perilla para el coronel Sanders, un bigote y el pelo alborotado para Albert Einstein o una espesa barba blanca para Santa Claus o uno de los siete enanitos.

Tiro al blanco

Pon unas cuantas esponjas sobre el coche en puntos estratégicos. Aléjate un poco, abre la manguera y organiza una competición para ver quién las derriba antes. Para que el juego resulte más divertido, deja que los niños se pongan gafas de natación para que puedan correr de un lado a otro intentando distraer al lanzador y desviar el agua para proteger las esponjas.

Caras de risa

Distorsiona tus rasgos faciales con la ayuda de las ventanillas del coche. Cuando tu hijo esté en el lado opuesto aprovecha la ocasión para poner caras ridículas contra el cristal. Es el mejor momento para embadurnar los cristales, porque estás a punto de lavarlos. He aquí algunas sugerencias:

CARA DE CERDITO: Pega la nariz al cristal, baja un poco la cabeza para que las ventanas de la nariz se ensanchen hacia arriba y gruñe. Tu hijo se morirá de risa.

CARA DE BESUGO: Abre la boca y pega los labios al cristal. Sopla contra la ventanilla hasta que se te hinchen los carrillos. Abre los ojos todo lo que puedas.

MOSQUITO APLASTADO: Apoya las manos en el cristal y pon un lado de la cara entre ellas como si fueras un insecto que ha chocado contra la ventanilla.

Arco iris casero

Ponte de espaldas al sol y echa el agua en forma de arco para que caiga suavemente. Di a tus hijos que se pongan detrás de ti y den unos pasos a la derecha o a la izquierda hasta que vean brillar un arco iris entre la cortina de agua.

Deja que pasen por debajo del agua e intenten tocar el arco iris y luego anímales a buscar el final del arco iris, como en el cuento.

QUINTA PARTE

El gran ilusionista

19
Abracadabra
Prodigios asombrosos

Este libro está lleno de consejos para que papá pueda hacer cosas extraordinarias con objetos cotidianos. He aquí algunos trucos especiales con un toque mágico.

La lata escurridiza

MATERIALES: Una lata de refresco (también sirve un salero o un bote de ketchup) • Una moneda • Servilletas

Este clásico truco tiene un final sorprendente que dejará a tu hijo boquiabierto. Se puede realizar con diferentes objetos (un salero, un vaso e incluso un bote de ketchup). Nosotros hemos usado una lata de refresco para que tenga un poco más de chispa.

Preparación

Siéntate enfrente de tu hijo y pon una moneda boca arriba sobre la mesa delante de ti. Coloca al lado una lata de refresco sin abrir.

Explica al niño que vas a hacer que la moneda cruce la mesa. Dile que si no lo consigues podrá beberse el refresco entero.

Encubrimiento

Abre tres servilletas de papel y ponlas sobre la lata. Aplana las servilletas por los lados para que sólo se vea la forma. Si todavía se ve la lata añade otra servilleta. Cuando esté bien cubierta agárrala por la parte de abajo para sujetar las servilletas.

NOTA: Usa una lata que no haya estado en el frigorífico. Si la lata está mojada se pegará a la servilleta, se verá y se estropeará el truco.

Desliz

Pon la lata tapada sobre la moneda. Explica que cuando la lata toque la moneda creará una fricción mágica, y que las servilletas son para proteger tu mano. Pronuncia unas palabras mágicas con mucho énfasis.

Lleva la lata tapada hasta el borde de la mesa y pon cara de sorpresa al ver que la moneda no se ha movido. Centra la atención de tu hijo en la moneda señalándola y diciendo: «Es verdad. No me acordaba de que la moneda tiene que estar boca abajo para que pueda ver dónde va».

Mientras des la vuelta a la moneda con la mano libre deja que la lata se separe de las servilletas y caiga sobre tus rodillas. Lleva las servilletas hacia delante sujetándolas como si aún tuvieras la lata.

Cambio

Pon las servilletas con forma de lata sobre la moneda como si fueras a comenzar de nuevo. Di a tu hijo que si esta vez la moneda no cruza la mesa conseguirá el refresco para él solo.

En cuanto tengas las servilletas colocadas levanta la mano libre y aplástalas de un golpe. Dará la impresión de que has pasado la lata al otro lado de la mesa.

Desenlace

Mientras tu hijo esté aún desconcertado centra tu atención en las servilletas aplastadas ignorando lo que acabas de hacer. Levanta despacio una de las esquinas y frunce el ceño al ver la moneda intacta. Después de decir: «Pensaba que podía hacerlo, pero la moneda sigue aquí», agáchate como si fueras a recoger la lata del suelo. Dásela a él y dile: «Has ganado».

Visto y no visto

Sorprende a tus hijos escogiendo algo y haciéndolo desaparecer de repente. Desviando un poco la atención puedes hacer que se esfume una gorra de béisbol, una Barbie e incluso un balón pequeño.

Consejo práctico: El objeto en cuestión no tiene que comenzar con la letra «B», pero debe pesar poco. En otras palabras, no te estamos diciendo que hagas desaparecer el BMW.

Para empezar coge el objeto con la mano izquierda y gira el hombro izquierdo hacia tu hijo. Estira el brazo izquierdo como si fueras a lanzar el objeto. Mueve el brazo hacia delante y hacia atrás un par de veces mirando de pasada al niño como si intentaras calcular dónde va a caer.

Cuando lleves el objeto hacia atrás la tercera vez póntelo disimuladamente debajo del brazo derecho y empuja el izquierdo hacia delante. Extiende los dedos como si hubieras lanzado el objeto y luego gira la cabeza para seguir su trayectoria imaginaria. (También puedes prepararte para lanzar algo hacia arriba y sujetarlo entre las rodillas.)

Cuando el objeto desaparezca actúa como si intentaras averiguar qué ha pasado. Al mirar a tu alrededor ve cambiando de posición para mantener el objeto escondido. Para hacerlo reaparecer espera a que tu hijo se dé la vuelta, sácalo de debajo del brazo y finge que lo coges en el aire.

NOTA: Intenta hacer este truco con el perro. (Para engañarle, no para que desaparezca.)

El oso misterioso

Este truco te permitirá sacar un animal de peluche de una caja que aparentemente estaba vacía. Es una forma estupenda de darle a tu hija un nuevo juguete, devolverle algo que creía que se había perdido o revelar un objeto que has hecho desaparecer previamente.

MATERIALES: Una caja de material de oficina vacía · Una cuerda de ocho centímetros · Una pinza para papeles · Una grapadora · Un oso u otro juguete que quieras hacer aparecer

Cómo preparar el truco

Haz un nudo en un extremo de la cuerda y grápalo en el borde interior de la tapa. Ata la pinza al extremo suelto de la cuerda y luego sujeta con ella el oso.

Levanta la tapa un momento para asegurarte de que todo está en su si-

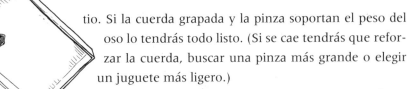

tio. Si la cuerda grapada y la pinza soportan el peso del oso lo tendrás todo listo. (Si se cae tendrás que reforzar la cuerda, buscar una pinza más grande o elegir un juguete más ligero.)

Cuando estés preparado tapa la caja para que el oso quede dentro.

Cómo quitar la tapa

Ponte en un extremo de la mesa enfrente de tu hija. Asegúrate de que el borde grapado de la caja quede hacia ti. Haz una marca de lápiz en ese lado para que sepas cuál es cuál. Levanta tu lado de la tapa con la mano derecha en posición vertical para que el oso cuelgue detrás de ella.

Centra la atención de tu hija en la caja inclinándola hacia arriba con la mano izquierda para que pueda mirar dentro. Al mismo tiempo coloca la tapa en tu extremo de la mesa para que el oso quede colgando sobre el borde sin que ella lo vea.

Cómo poner de nuevo la tapa

Pon cara de sorpresa cuando tu hija te diga que la caja está vacía. Mira dentro y luego finge que acabas de recordar algo. Señala a tu hija con la mano izquierda y dile que piense en una palabra mágica. Mientras tanto levanta la tapa de la mesa con la mano derecha como antes, en posición vertical. Mantén el oso escondido inclinando el borde grapado de la tapa mientras la pones sobre la caja. Coloca dentro el objeto y luego baja la tapa comenzando por ese lado.

Cómo girar la caja

Dile a tu hija que dé dos golpecitos en su lado de la caja mientras dice las palabras mágicas. Luego gira la caja 180° y dile que haga lo mismo en el otro lado. Ahora el borde grapado de la tapa está mirando hacia ella, y tú podrás levantar tu extremo sin mover el oso.

Cómo revelar la sorpresa

Echa un vistazo como si fueras a comprobar si las palabras mágicas han funcionado. Sonríe a tu hija y dile que no va a creérselo. Levanta tu lado de la tapa con una mano y suelta el oso de la pinza con la otra. Preséntaselo a la niña con una floritura y deja que la tapa vuelva a caer. Ten paciencia mientras abrace a su nuevo amigo; tú serás el siguiente.

Trucos mágicos con corbatas

Las corbatas nunca han sido especialmente divertidas. Tu hijo te regala una el Día del Padre, la cuelgas en el armario y luego te la pones sin fijarte mucho en ella. (A veces desentona con la camisa, pero incluso eso es aburrido.)

Con estos fantásticos trucos podrás acabar con esa rutina. Házselos a tu hijo por la mañana antes de ir a trabajar y le dejarás con una sonrisa en la cara.

Primera parte: Prueba del aliento matutina

Después de desayunar con tu hijo inclínate hacia él para darle un beso de despedida. Quédate parado de repente como si pasara algo y dile que tienes que hacerle la «prueba del aliento matutina».

Levántate y sujeta la corbata con la punta hacia arriba y el forro hacia ti. Pide a tu hijo que sople en ella. En cuanto lo haga tira del forro hacia abajo con el pulgar. Parecerá que la corbata se marchita con el aliento del niño. Es una forma estupenda de conseguir que se lave los dientes.

Segunda parte: El hilo imaginario

Cuando tu hijo se haya lavado los dientes hazle de nuevo la «prueba del aliento» y deja que la supere. En vez de encoger la corbata finge que has visto un pequeño hilo en la punta. Con una leve mueca deja la corbata en su posición normal y luego sujétala a unos quince centímetros del extremo con el pulgar a la vista y el dedo índice escondido detrás.

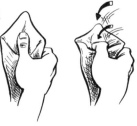

Coge la punta con la otra mano y simula que tiras del hilo imaginario. Mientras lo hagas sacude la corbata golpeándola rápidamente por debajo con el dedo corazón.

Haz que parezca lo más real posible. Tira del «hilo» unos cuantos centímetros, suéltalo y luego coge de nuevo la punta. Deja de sacudir la corbata cada vez que dejes de tirar. Acaba la pantomima simulando que rompes el hilo y chasqueando los pulgares para hacer el ruido correspondiente.

Tercera parte: Mano cosida

Para terminar con la sesión enhebra el hilo imaginario en una aguja invisible y simula que te coses los dedos.

Pasa la aguja por el dedo meñique haciendo muecas de mentirijillas. Luego métela por un lado del anular y levanta el hilo para unir los dos dedos. Sigue cosiendo hasta que tengas todos los dedos juntos. Por último levanta la mano y tira del extremo del hilo invisible para que tus dedos se doblen y digan adiós.

20
Voilà!
El dinero mágico de Superpapá

El dinero mágico tiene grandes dividendos, porque con él conseguirás muchas horas de entretenimiento sin que te cueste un céntimo. Con un poco de práctica te ganarás los aplausos que mereces. Aprende unos cuantos trucos con monedas para revalorizar el interés de tus hijos y enriquecer un poco más sus vidas.

Moneda desaparecida

Hacer desaparecer monedas (y otros objetos pequeños) es una de las habilidades esenciales que todos los Superpapás deberían poseer. Para empezar con un truco sencillo prueba con la clásica «caída francesa».

Sujeta una moneda con el pulgar y el dedo corazón de la mano derecha. Coge la moneda con la mano izquierda poniendo el pulgar izquierdo debajo. Envuelve la moneda con la mano izquierda. Simula que la coges pero déjala caer disimuladamente en la mano derecha.

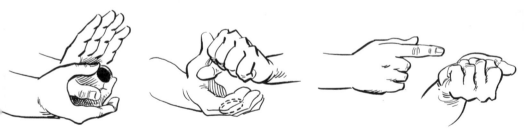

Aprieta la mano izquierda como si tuvieras la moneda y apártala. Luego centra la atención en la mano izquierda mirándola. Al mismo tiempo enrosca la mano derecha para ocultar la moneda y señala la izquierda. Por último abre los dedos de la mano izquierda para demostrar que la moneda ha desaparecido.

Apariciones sorprendentes

Esconde una moneda en tu mano. (Haz una «caída francesa» o saca disimuladamente una moneda del bolsillo cuando tu hijo no esté mirando.)

Haz que la moneda aparezca con alguno de estos trucos:

Moneda en el aire. Extiende la mano hacia arriba utilizando el pulgar para deslizar la moneda hasta la punta de los dedos. Hazlo rápidamente para que parezca que la moneda estaba en el aire.

Moneda en la oreja. Mira la oreja de tu hijo como si hubieras visto algo raro. Tira con suavidad del lóbulo como si sacaras algo de ella. Lleva la moneda a la punta de los dedos y muéstrasela.

Moneda en la nariz. Esconde la moneda en tu puño. Pon la palma de la mano hacia abajo y pellizca a tu hijo en la nariz con el pulgar y el dedo índice. Deja caer la moneda del puño como si hubiera salido de la nariz. Cógela con la otra mano.

SUPERMOMENTO
La moneda de plata del abuelo

Cuando era pequeño mi abuelo me enseñó mi primer truco con una moneda. Se subió las mangas, me mostró las manos vacías y luego sacó una moneda de plata de mi oreja.

Más adelante me convertí en mago profesional y estudié el arte de la magia. Aprendí sus trucos y sutilezas, pero seguía sin comprender cómo había sacado mi abuelo la moneda de plata.

Años después, en una fiesta familiar, le vi realizar el truco con mi primito y por fin descubrí el secreto. Mientras extendía la mano vacía hacia delante, mi abuela se puso detrás de mi primo, deslizó una moneda en su mano y luego salió sigilosamente de la habitación.

El abuelo sacó la moneda de plata de la oreja de mi fascinado primo como lo había hecho conmigo... con la silenciosa ayuda de mi abuela, su amor de toda la vida y asistente secreta.

¿En qué mano está?

MATERIALES: Dos monedas

Desafía las leyes de la probabilidad con una desconcertante versión de este popular juego. Las posibilidades de acertar parecen de un cincuenta por ciento, pero ganarás tú el cien por cien de las veces.

MONEDA ESCONDIDA

Sujeta una moneda con el pulgar y el índice de la mano izquierda mientras agarras otra disimuladamente con el resto de los dedos. Extiende la mano derecha y coge la moneda visible tan rápido como puedas. Pon los dos puños hacia abajo y dile a tu hija que adivine dónde está la moneda.

Si señala la mano izquierda abre la derecha para enseñarle la moneda. Si señala la derecha muéstrale la moneda de la izquierda.

En cualquier caso, coge la moneda con el pulgar y el índice de la mano opuesta. Así podrás comenzar de nuevo con una moneda a la vista y la otra escondida entre los dedos.

Tu hija se equivocará indefinidamente, o hasta que se dé cuenta de que tienes dos monedas. Para hacer una divertida variación da la vuelta al tema y deja que gane siempre.

Dinero de bolsillo

MATERIALES: Dos monedas

Los niños están constantemente haciendo que desaparezca el dinero de tus bolsillos. Aprovecha esta oportunidad para cambiar las cosas y recuperarlo.

Comienza con una moneda en la mano izquierda. Ponla plana en tu muslo izquierdo sobre otra moneda que tengas escondida en el bolsillo.

Haz un pliegue en la tela con la mano izquierda para sujetar las dos monedas juntas. Dóblalas hacia arriba con el pulgar izquierdo sobre la moneda exterior. Haz otro pliegue hacia arriba con la mano derecha. Mientras lo haces desliza disimuladamente la moneda exterior en la mano izquierda con el pulgar.

Pon los pliegues hacia tu hijo y dile que coja la moneda. No tendrá ni idea de que está sujetando una moneda que ya estaba en tu bolsillo.

Sujeta los pantalones por encima y por debajo de los pliegues. Tira de la tela hacia los lados para que tu hijo suelte la mano y la moneda «desaparezca». Mete la mano izquierda en el bolsillo izquierdo y saca la moneda que tenías escondida en la mano.

Pase rápido

MATERIALES: Cuatro monedas

Demuestra que la mano es más rápida que el ojo con esta ingeniosa charada que te permitirá mover una moneda a la velocidad de la luz. Para empezar busca dos manos (las tuyas), dos ojos (los de tu hija) y cuatro monedas (de cualquiera).

Dile a tu hija que te ponga una moneda en cada mano. Cierra los puños y luego dile que te ponga otras dos monedas en las puntas de los dedos. Apoya los puños sobre una mesa y explícale que vas a pasar una moneda de una mano a otra sin que ella se dé cuenta.

Junta las manos rápidamente dejando que caigan dos monedas en la mesa. Finge que te ha salido mal. Tu hija creerá que has dejado caer las monedas que tenías en las puntas de los dedos, pero se equivocará.

Vamos a analizar el «pase rápido» a cámara lenta para ver qué ha ocurrido realmente. Al girar la muñeca izquierda has dejado que la moneda que tenías en las puntas de los dedos cayera en la palma de la mano. Y al girar la muñeca derecha has dejado caer las dos monedas en la mesa. El movimiento de tus dedos ha sido tan rápido que tu hija no ha podido verlo.

Sacude la cabeza ante el intento fallido y luego dile a tu hija que coja las monedas de la mesa y te las vuelva a poner en las puntas de los dedos.

Cuando lo haga junta de nuevo las manos rápidamente y deja que las dos monedas pasen de las puntas de los dedos a las palmas.

Vuelve a girar las manos y abre los dedos. Tendrás tres monedas en la mano izquierda y sólo una en la derecha sin que la niña haya visto cómo lo has hecho.

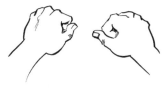

El reto de la carta y la moneda

MATERIALES: Una carta • Una moneda

Este truco podría haber ido en el capítulo de las cartas o en el de las monedas. ¡Es tan original que podríamos haberlo incluido en ambos!

Pon una mano hacia arriba con el dedo índice extendido y coloca una carta en equilibrio sobre la punta del dedo. (Ésta no es la parte original, pero tampoco está mal.)

Coloca una moneda en el centro de la carta justo sobre la yema del dedo. Dile a tu hijo que vas a sacar la carta sin tocar ni tirar la moneda. Espera a que lo dude y prepárate para hacerlo.

Da un golpe rápido a la carta con el dedo corazón. La carta saldrá volando y la moneda se quedará en su sitio.

Consejo práctico: Ésta era la parte original. No eches la carta hacia tu hijo para que pueda verla.

21
Elige una carta
Trucos de cartas espectaculares

Cuando les piden que hagan un truco de cartas, la mayoría de los padres sólo son capaces de hacer uno antes de quedarse en blanco. Sin embargo, Superpapá sabe un montón de trucos fabulosos porque ha practicado mucho. Baraja estas ideas y saca un as de la manga para demostrar tus habilidades.

Carta especial

Saber de antemano qué carta va a elegir tu hijo te dará una infinidad de posibilidades mágicas. Con este sencillo método podrás controlar la carta que seleccione.

Para empezar pon la carta que quieras que elija en la parte de abajo de la baraja sin que él lo vea. Coge la baraja con la mano izquierda y coloca sobre ella los dedos de la derecha. Pon el pulgar izquierdo debajo de la baraja para sujetar la carta preseleccionada.

Utiliza el pulgar y el dedo corazón para echar las cartas de arriba y de abajo hacia atrás unos dos centímetros. Mueve las dos cartas al mismo tiempo sin que tu hijo vea el movimiento de la de abajo. Continúa deslizando las cartas de arriba hacia atrás una a una con el dedo corazón. Pide a tu hijo que te diga cuándo debes parar. Cuando lo haga separa las cartas deslizadas de la baraja para unirlas disimuladamente con la carta de abajo.

Coge la baraja sin mirar y enseña a tu hijo la carta que ha elegido «libremente». Pon la mitad superior de la baraja sobre la mitad inferior para que su carta quede en el medio. Baraja las cartas para que la suya se pierda en la mezcla, pero no en tu mente.

Para seguir sorprendiéndole revela la carta de un modo creativo e ingenioso.

Primera revelación: Poder mental

Dile a tu hijo que se concentre en su carta. Mírale fijamente a los ojos como si estuvieses leyendo su mente. Levanta las cejas como si hubieras recibido una señal y luego anuncia el color de la carta. *«¡Es... negra!»* Sigue actuando de este modo hasta que reveles el palo y por último el valor. *«¡Es un trébol... un siete! ¡Es el siete de tréboles!»*

Segunda revelación: Recogida de cartas

Echa un vistazo a la baraja y mueve unas cuantas cartas como si buscaras la de tu hijo. Cuando des con ella ponla disimuladamente en la parte de abajo de la baraja. Sigue buscando y luego sonríe como si acabaras de recordar un método especial para encontrarla.

Dile a tu hijo que sujete bien las cartas con el pulgar y el índice manteniéndolas hacia abajo. Da un golpe rápido a la baraja con el índice y el dedo corazón para que todas las cartas excepto una caigan al suelo. Cuando tu hijo se mire la mano descubrirá que tiene la carta que ha elegido, y cuando mire hacia el suelo verá todas las cartas tiradas. Sonríe y dile que podía haber sido peor. ¡Podrías haberle hecho recoger las 52 cartas!

Tercera revelación: Mensaje borrado

Con este fantástico truco una sencilla pregunta se convierte en una revelación increíble.

Coge un lápiz y escribe este mensaje sin apretar mucho en una hoja de papel:

Dobla el papel y déjalo sobre una mesa delante de tu hija.

Coge una baraja de cartas y haz que elija el as de picas. Cuando haya vuelto a poner la carta en la baraja dile que lea lo que has escrito en el papel. Cuando lo lea coge el papel y explícale que se te ha olvidado terminarlo. Coge rápidamente el lápiz y rompe «sin querer» la punta para no poder escribir. Dale la vuelta para que quede por el lado de la goma y sigue estos pasos:

1. Borra la primera interrogación y la H de HAS.
2. Borra las sílabas ED y DO de PEDIDO.
3. Borra la palabra ESTA.
4. Borra la sílaba RTA de CARTA.
5. Borra el punto de la interrogación final para que parezca una «S».

Deja el lápiz, vuelve a doblar el papel y pregunta a tu hija cuál era su carta. Cuando te responda dile que abra el papel. Al hacerlo descubrirá que ahora pone:

Carta bajo el mantel

Este sorprendente truco es perfecto para la hora de comer. Despierta el apetito de tu hijo dejando que elija una carta y luego hazla aparecer por arte de magia en un sitio imprevisible.

MATERIALES: Un mantel blanco de tela • Un vaso de agua • Una cuchara • Una baraja de cartas • Un duplicado de la carta que vayas a utilizar

Preparación

Para empezar haz que tu hijo elija una carta preseleccionada. Coloca previamente otra carta igual debajo de un mantel blanco. Si la carta se transparenta pon una copa o un plato sobre ella antes de comenzar con el truco.

Disposición

Busca la carta como de costumbre. Levanta la parte de arriba de la baraja para que tu hijo vea qué ha elegido. Pon las cartas boca abajo en la mesa de forma que queden sobre la carta escondida. Añade el resto de las cartas al montón. Ahora la carta selec- cionada está en la parte de abajo del montón justo encima de su dupli- cado, que está debajo del mantel.

Coge una cuchara con la ma- no derecha como si fuese una varita mágica y da tres golpecitos con ella en el montón de cartas.

CARTA
DUPLICADA
ESCONDIDA

Desliz

Centra la atención en tu mano derecha mirándola y levantando la cuchara. Al meter la cuchara en el vaso de agua coge la baraja con la mano izquierda sujetando con el pulgar la carta de abajo.

Mientras tu hijo observa cómo coges un poco de agua con la cuchara pon la mano izquierda bajo el borde de la mesa y deja caer la carta de abajo sobre tus rodillas. Al levantar la cuchara con la mano derecha vuelve a dejar las cartas casual- mente con la izquierda en un lado de la mesa.

Revelación

Echa el agua de la cuchara en el mantel sobre la carta escondida. El mantel se transparentará inmediatamente dejando ver como por arte de magia la carta de tu hijo. Mientras la mire asombrado recoge disimuladamente la carta duplicada de tus rodillas y escóndela en la camisa, los pantalones o el calcetín.

Tu hija es un as

Con este fantástico truco tu hija acabará haciendo magia sacando los cuatro ases de la baraja.

Para empezar coloca disimuladamente los cuatro ases en la parte de arriba de la baraja. Dale las cartas a la niña y dile que las ponga boca abajo una a una en un solo montón. Cuando haya sacado unas diez cartas dile que puede parar cuando quiera. En cuanto lo haga coge las cartas que le queden y déjalas a un lado.

Luego dile que coja su montón y forme cuatro nuevos montones poniendo una carta cada vez en cada uno hasta que se le acaben las cartas.

Cuando termine dile que dé la vuelta a la carta de arriba de cada montón. Se quedará sorprendida al ver que son los cuatro ases.

22
Telepatía paterna
El poder mental de Superpapá

Imagina que eres capaz de leer el pensamiento de tu hijo. Ese poder alterará tu percepción de la realidad y te dará una perspectiva inimaginable de tu relación con él. Y lo que es más importante, te permitirá realizar algunos trucos estupendos. Utiliza tus dotes telepáticas para adivinar lo que piensa.

Colorvisión

Despliega todas tus capacidades psíquicas para identificar el color de cinco pinturas que estarán fuera de tu vista.

Para empezar pon las dos manos detrás de la espalda y dile a tu hija que te dé cinco pinturas sin que puedas verlas. Date la vuelta manteniendo las pinturas detrás de ti y dile que vas usar tu Colorvisión para adivinar el color de cada una de ellas sin mirarlas.

Mientras tanto coge las pinturas con la mano izquierda. Lleva una a las puntas de los dedos y marca disimuladamente la uña del pulgar derecho. Haz una pequeña línea en la uña o rasca un poco de pintura por debajo.

Saca la mano derecha vacía, señala la palma de tu hija y dile que la extienda para que puedas devolverle las pinturas. Mientras lo haces echa un vistazo a tu pulgar, manteniéndolo inclinado para que la niña no pueda verlo. Al ver la marca sabrás de qué color es la pintura que tienes en la punta de los dedos detrás de tu espalda. (Supongamos que es roja.)

Vuelve a poner la mano derecha detrás de ti

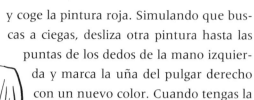

y coge la pintura roja. Simulando que buscas a ciegas, desliza otra pintura hasta las puntas de los dedos de la mano izquierda y marca la uña del pulgar derecho con un nuevo color. Cuando tengas la uña marcada di: «Voy a darte la pintura roja».

Saca la mano derecha y pon la pintura roja en la mano de tu hija. Mientras lo haces echa un vistazo a la uña del pulgar para saber de qué color es la siguiente pintura que vas a sacar. Repite el proceso hasta que le hayas devuelto todas las pinturas. Para terminar borra disimuladamente las huellas del pulgar.

Consejo práctico: Fingir que tienes Colorvisión no funcionará si eres daltónico.

Sorpresa calculada

MATERIALES: Un diccionario · Un sobre · Lápiz y papel

Si tu hijo sabe sumar y restar sorpréndele con una predicción aparentemente imposible.

Preludio

Muestra a tu hijo el diccionario familiar para que vea un sobre cerrado que sobresale de él. Abre el libro por la página marcada para revelar la palabra *sorpresa* escrita en la parte exterior del sobre. Lee la definición de *sorpresa* en esa misma página. Cierra el diccionario, pon el sobre encima y dale a tu hijo un lapicero.

Cálculo

1. Pide al niño que escriba un número de tres cifras en el que cada cifra sea diferente.
2. Luego dile que invierta el orden de las cifras.
3. Pídele que escriba los dos números y que reste el menor al mayor.
4. Después dile que invierta el resultado de la resta y que sume los dos números.

5. Por último dile que trace una línea vertical entre la tercera y la cuarta cifra.

Aplicación

Explica a tu hijo que las tres primeras cifras representan una página del diccionario y que la última corresponde a una palabra de esa página. Dile que busque la página y cuente en ella el número correcto de entradas. Pídele que lea la palabra en voz alta.

Desenlace

Anuncia que ha llegado el momento de la sorpresa. Dale el sobre y dile que lo abra. Al hacerlo encontrará una hoja de papel con una sola palabra escrita en ella, que sorprendentemente será la misma que acaba de leer.

Explicación

¿Cómo funciona esta asombrosa predicción? Ya ves que muy bien.

No podemos explicarte la fórmula exacta, pero te aseguramos que la respuesta es siempre 1.089. Lo único que tienes que hacer es buscar con antelación la entrada adecuada y meter la palabra en el sobre.

NOTA IMPORTANTE: Si el resultado de la resta es un número de dos cifras bastará con poner un cero delante. (**Ejemplo: 615 – 516 = 099.**)

El Gran Chiquini

Cuando tus familiares vayan a cenar a tu casa puedes entretenerles con un espectáculo cómico inspirado en los tiempos del vodevil. Convierte a tu hijo en el Gran Chiquini y sorprende a tus invitados con tu extraordinario talento humorístico.

Notas preliminares

Los gags adivinatorios de esta sesión se pueden realizar en cualquier orden. Cuando les cojas el truco serás capaz de crear los tuyos propios. Ensaya la representación con tu hijo hasta que seáis capaces de hacerla rápidamente.

Crea un disfraz para el Gran Chiquini haciendo una capa con una sábana y un turbante con una toalla. Utiliza un pañuelo a modo de venda. Reúne a la familia en una habitación, pon una silla en el centro del «escenario» y deja la venda en el respaldo. Dile a tu hijo que espere en la habitación de al lado con el disfraz puesto.

Consejo práctico: Cuanto mejor os lo paséis vosotros más se divertirá el público.

Representación

PAPÁ: Señoras y señores, están a punto de presenciar la actuación de un mago increíble. Un médium con unos poderes inexplicables. Un adivino que ha asombrado al mundo...

NIÑO (asomándose): ¿Puedes darte prisa, papá? Tengo que ir enseguida a la cama.

PAPÁ: Es verdad. Por favor, den la bienvenida a mi colega. Un pequeño médium de gran talla... ¡El Gran Chiquini!

(Chiquini entra y se sienta. Papá le pone la venda sobre los ojos.)

PAPÁ: El Gran Chiquini... que todo lo sabe... todo lo ve... y todo lo oye.

NIÑO: ¿Qué?

PAPÁ: He dicho que todo lo oye.

NIÑO: ¡Ah!

PAPÁ: Vamos a mostrar al público tus poderes mentales.

NIÑO: Yo soy telepático, papá. Tú eres mental.

PAPÁ: Es cierto. **(Se acerca al público.)** Ahora voy a coger un objeto, y el Gran Chiquini usará su visión telepática para adivinar su identidad, demostrando una habilidad mental que va más allá de la comprensión humana.

NIÑO: ¿Cómo?

PAPÁ: Que nos dirás qué es sin mirar.

NIÑO: Vale.

(Papá recorre la habitación recogiendo objetos de los familiares.)

PAPÁ: Ya tengo un objeto en la mano. Tómate tu TIEMPO. Lo adivinarás en un SEGUNDO.

NIÑO: ¡Es un reloj!

PAPÁ: ¡Correcto! El siguiente debería ser fácil. Intenta VERLO con CLARIDAD.

NIÑO: ¡Son unas gafas!

PAPÁ: ¡Increíble! Éste debería proyectar una IMAGEN en tu mente. Te vendrá como un FLASH.

NIÑO: ¡Una cámara!

PAPÁ: ¡Asombroso! ¿Podrías decirme qué tipo de moneda tengo en la mano?

NIÑO: Es redonda.

PAPÁ: ¿Puedes ser más específico?

NIÑO: Es muy redonda.

PAPÁ: Usa los cinco sentidos.

NIÑO: ¡Una moneda de cinco céntimos!

PAPÁ: ¡Fantástico! Ahora tengo un objeto que empieza con la letra «F».

NIÑO: ¡Una fotografía!

PAPÁ: ¡Estupendo! ¿De qué color tiene el pelo esta señora?

NIÑO: Dile que se levante.

PAPÁ: ¿Puede levantarse la señora de AMARILLO?

NIÑO: ¡Es rubia!

PAPÁ: ¡Lo ha vuelto a conseguir! Este señor me ha prestado algo. ¿Puedes decirnos qué es sin resbalarte?

NIÑO: ¡Un zapato!

PAPÁ: ¡Sí! Dinos algo del dueño de este zapato.

NIÑO: Va a dar un pequeño paseo.

PAPÁ (Tira el zapato al otro lado de la habitación): ¡Correcto!

PAPÁ: Para finalizar he elegido un número entre uno y un millón.

NIÑO: ¿Qué número es?

PAPÁ: El trescientos siete.

NIÑO: ¡Correcto!

PAPÁ: Señoras y señores... ¡El Gran Chiquini!

(El Gran Chiquini se levanta y se inclina en dirección contraria. Papá le quita la venda y entonces los dos se inclinan juntos ante los sonoros aplausos.)

23

Espectáculo
de magia cómico
Juegos de manos grotescos

Demuestra lo divertido que puedes ser con unos trucos
absurdos que volverán locos a tus hijos (o al menos les harán
creer que estás chiflado).

Acompañamiento musical

Crea tu propia música de fondo cantando la palabra *papá* una y otra vez.
Elige una melodía animada (la canción de un programa popular, una música circense o una ópera italiana del siglo XVI) y luego cántala a mayor o
menor velocidad para adaptarla a tu representación.

Pon caras divertidas mientras entones la música y canta a lo largo de
toda la actuación si no se indica lo contrario.

Espectáculo

Primer acto: Dedos voladores

Levanta el dedo índice de la mano izquierda y cierra el puño de
la derecha. Choca las dos manos para que parezca que el dedo
ha saltado de la mano izquierda a la derecha. (**NOTA:** Si no se
te ocurre cómo hacerlo, ya eres grotesco y no necesitas este
truco para demostrarlo.)

El resto depende de ti. Haz saltar varios dedos de un solo
golpe. Levanta los cinco dedos de una mano y haz que salten a
la otra uno a uno. Simula que te muerdes el pulgar y luego sácalo por la oreja. Mantén los dedos en movimiento hasta que
vuelvan todos a su sitio.

Segundo acto: Enlazando aros

Transforma los índices y los pulgares en dos sólidos aros. (**NOTA:** Esto se hace uniendo las puntas para formar un círculo. No hay que coser, soldar ni pegar nada.)

Golpea un aro contra otro para demostrar que no se pueden enlazar. Pon las dos manos detrás de la cabeza, haz una pausa para crear un efecto dramático y luego saca los aros entrelazados por arte de magia. Continúa enlazando y desenlazando detrás de la cabeza y la espalda y por debajo de las piernas. Por último coloca los aros en una posición extraña para que tengas que hacer contorsiones para liberarte de ellos.

Tercer acto: Música amortiguada

Levanta un dedo índice, muévelo hacia los lados y luego haz lo mismo con el otro. Después de hacer que bailen un poco métetelos en las orejas. En cuanto lo hagas para la música, pero continúa moviendo la boca como si siguieras cantando a voz en cuello. (**NOTA:** Nadie se ha vuelto sordo. Se trata de que tu hijo crea que al taparte los oídos ha disminuido su audición.)

Saca los dos dedos y deja que la música siga sonando. Repite el truco con los dedos en las orejas opuestas o con un dedo en una oreja y la boca torcida para cantar por el otro lado.

Cuarto acto: Vaso de agua chiflado

Coge un vaso de agua con una mano y un paño de cocina con la otra. Pon el paño sobre el vaso y mueve la mano libre como si fueras a hacer desaparecer el agua. Ponte de espaldas, quita el paño, bebe el agua sin tragarla, coloca de nuevo el paño y date la vuelta. Sigue moviendo la mano libre sin dejar de cantar tu canción (o haciendo gárgaras) y luego retira el paño para revelar el vaso vacío.

Repite el truco echando el agua de la boca en el vaso. Seca lo que se haya derramado, muestra el vaso medio lleno y ofrece un trago a tu hijo.

(**NOTA:** Cuanto más lío se arme más os reiréis, pero habrá más posibilidades de que mamá se enfade. Todo sea por amor al arte.)

Quinto acto: Pierna fantasma

Cuelga una toalla de las puntas de los dedos de forma que toque el suelo. Levanta la toalla un poco para que se te vean las dos piernas y bájala de nuevo. Después levanta la toalla encogiendo a la vez una pierna para que parezca que ha desaparecido. (**NOTA:** No te asustes. No has perdido una pierna. Simplemente te estás apoyando sobre un pie.)

Baja la toalla (y la pierna) y luego levanta la toalla para mostrar la pierna restablecida. Repite los pasos para hacer desaparecer la otra pierna.

Para finalizar separa las dos piernas y levanta la toalla para que se vea que no hay nada debajo. Termina tu canción con una floritura y luego haz una torpe reverencia con las piernas separadas.

SEXTA PARTE

El mejor showman del mundo

24

Banda de música

Melodías delirantes para instrumentos únicos

Puede que Superpapá no haya estudiado teoría musical, pero tiene su propia teoría: si se toca un objeto un buen rato sonará una canción. Realiza unas cuantas proezas musicales antes de enseñárselas a tus hijos. Con un poco de creatividad se convertirán en unos músicos expertos.

Armónica capilar

He aquí un instrumento casero que produce un sonido muy original. Coge un peine normal y una hoja de papel de cera. Si no tienes papel de cera (o no sabes qué es ni dónde encontrarlo), prueba con papel de aluminio, un envoltorio de plástico o papeles de chicles.

Sujeta el papel a un lado del peine y ponte el otro lado en la boca. Aprieta las púas del peine contra tus labios y haz «tu-tu-tu». Sonará como una turuta, pero al terminar resulta más fácil deshacerse de él.

Guitarra nasal

Si no puedes enseñar a tu hijo a tocar la guitarra, al menos puedes enseñarle a tocarse la nariz. Aprieta con un dedo la parte exterior de la nariz para aplastar una fosa nasal. Comienza a tararear una nota larga. Da golpecitos o rasguea la otra fosa nasal con un dedo de la mano libre.

Al cambiar de ritmo o de tono se pueden crear una gran variedad de sonidos, desde un banjo hasta un ukelele hawaiano.

Tarareando y rasgueando tendrás la oportunidad de convertir tu nariz en un melodioso instrumento musical.

Trompeta con caja de pasas

Dobla hacia atrás la tapa de una caja de pasas pequeña y pon los labios alrededor de la abertura. Cuando soples sonará como una especie de trompa.

Consejo práctico: Vacía antes la caja para que las pasas no se caigan por abajo al soplar.

Flauta de hierba

BRIZNA DE HIERBA

Busca una brizna de hierba gruesa y larga. Junta las palmas de las manos (como si estuvieras rezando para que el truco funcione) y sujeta la brizna con los nudillos de los pulgares y los laterales de las manos. Sopla con suavidad por la abertura creada por los dos pulgares y sonará un bonito silbido. Dile a mamá que estás cultivando instrumentos para el Festival de Flautas de Hierba para ver cuánto tiempo puedes pasar sin segar el césped.

Silbato de paja

Coge una paja recta con una mano. Sopla por la abertura superior para que suene un silbido. Desliza la otra mano de arriba abajo para cambiar de tono.

25

Máquina de baile

Pasos divertidos sin tropezones

Los papás están destinados a ser las parejas de baile de sus hijos. Ya sea en una fiesta o en una sesión privada, algún día mirarán hacia arriba y te pedirán que bailes con ellos.
He aquí algunos pasos que te ayudarán a seguir el ritmo.

Tango

Colocad un brazo alrededor del otro y estirad el otro brazo entrelazado. Unid las mejillas y caminad hacia delante con las manos extendidas. Si tu hija es pequeña puedes llevarla en brazos.

Cuando lleguéis al borde de la pista de baile, tropecéis con una pared u os choquéis con alguien que se niegue a moverse grita: «Media vuelta». Cambiad de lado, extended los brazos opuestos y seguid bailando en la nueva dirección.

A cuatro pies

Ponte enfrente de tu hijo, agárrale de las manos y coloca sus pies sobre los tuyos. Muévete de un lado a otro o anda por la habitación. Al bailar en serio o en broma el niño se lo pasará en grande siguiendo tus pasos.

Baile chiflado

Este baile es uno de los más fáciles del mundo, porque la letra te dice lo que debes hacer. La próxima vez que te encuentres dando vueltas en una pista incluye alguno de estos movimientos para que resulte más divertido:

1. **Pie derecho/Pie izquierdo.** Mueve los pies simulando que pisoteas insectos.

2. **Mano derecha/Mano izquierda.** Cruza la pista de baile, sonríe y da la mano a alguien que esté al otro lado.

3. **Cadera derecha/Cadera izquierda.** Menea las caderas frenéticamente mientras te ríes a carcajadas.

4. **Codo derecho/Codo izquierdo.** Mueve los codos como si fuesen alas y cloquea como una gallina.

5. **Cabeza.** Inclínala hacia delante y agítala como un batería de un grupo heavy.

6. **Trasero.** Date la vuelta, mueve el trasero, ríete y grita: «¿Qué estáis mirando?».

7. **Todo el cuerpo.** Salta animadamente antes de levantar una pierna y agarrarte una rodilla como si alguien te hubiera pisado. Sigue cojeando hasta que termine la canción.

SUPERMOMENTO
Baile nupcial

Una de mis anécdotas favoritas tuvo lugar en una reciente boda familiar. Cuando la banda tocó una canción que hizo que todo el mundo se sentara, mi marido cogió la mano a nuestra hija de cinco años y la llevó a la pista de baile vacía.

Después de agarrar a Wendy empezó a moverse de un lado a otro de la pista. La levantó en el aire, la hizo girar a su alrededor y la atrajo hacia él para bailar con las caras pegadas. La risa de Wendy y la exhibición de mi marido atrajeron la atención de los invitados, sobre todo de los más pequeños.

Nuestras sobrinas gemelas salieron corriendo a la pista para que bailara también con ellas. Mi marido sonrió y les indicó con el pie que debían esperar. Inclinó a mi hija para terminar el baile y luego le dio un beso en la frente mientras la dejaba en el suelo.

Después mi marido cogió a las gemelas en brazos y comenzó a hacer un doble giro sin darse cuenta de que se estaban acercando otros niños a la pista. Para cuando dejó a las gemelas había casi una docena de niños haciendo cola para bailar con él. Al final de la cola estaba Wendy, esperando pacientemente su segundo turno.

Inventa un baile

Ayuda a tu hijo a inventar bailes originales combinando movimientos clásicos con otros disparatados. He aquí algunos consejos para empezar con buen pie.

Bailes animales

Piensa en un animal e imagina cómo puede bailar. Para bailar como un elefante ponte un brazo en la cara, muévelo como si fuese una trompa y camina por la habitación con pasos pesados. Para bailar como una oruga retuércete en el suelo y forma una bola con tu cuerpo antes de convertirte en una mariposa. Si necesitas ideas vete al zoo, canta a un hipopótamo y observa cómo se mueve.

Bailes domésticos

Elige un aparato de uso habitual y haz una pequeña coreografía para él. Para bailar como una tostadora ponte al lado de tu hijo como si fueses una rebanada de pan y el otra, agáchate y espera unos segundos para dar un salto. Para bailar como un aspersor date unos golpecitos en la parte posterior de la cabeza, asoma una mano y da vueltas en círculo. Si se te ocurre alguna otra locura puedes buscar un nombre para ella.

Bailes internacionales

Cada país tiene sus propios bailes, pero puedes adaptarlos a tu estilo. Mezcla una tarantela italiana con una danza hawaiana y un baile chino de abanicos para hacer una sesión folclórica que os llevará por todo el mundo.

Combinación especial

Escoge dos o más bailes que te gusten (el hip-hop, la conga, el pasodoble) y combínalos para crear algo único. Nuestro favorito es la nataconga: bailar la conga nadando.

Décadas de baile

Convierte el suelo en una máquina del tiempo mezclando bailes de varias décadas. Comienza con un swing de los años cuarenta, seguido del bugui de los cincuenta, el twist de los sesenta, el rock de los setenta, el *break dance* de los ochenta y la macarena de los noventa. Añade tu propio ritmo para representar el milenio.

26
Payasadas
Trucos básicos para hacer reír

Dicen que la risa es la mejor medicina, pero también que las sonrisas son contagiosas. Investiga esta anomalía cómica con unas cuantas bromas infalibles. Mira la vida a través de unas gafas grotescas y verás qué felices haces a tus hijos; y a ti mismo.

Caída tonta

Es uno de los recursos cómicos más antiguos. Tus hijos se acercan a ti, tú te caes y todo el mundo se parte de risa. He aquí dos sencillos pasos:

1. Quédate de pie o anda normalmente.
2. Cáete al suelo.

Simula que te desmayas, finge que estás dormido o simplemente déjate caer cuando menos se lo esperen. Intenta caerte de forma ridícula (agitando los brazos o dando grititos) para que los niños se den cuenta de que es una broma.

Consejo práctico: Ten cuidado al caer. Tus hijos no se partirán de risa si tú te partes la crisma.

Mirada doble

A los niños les encanta este divertido truco. Para hacerlo sigue estos pasos:

1. Mira a tu hijo como si no pasara nada especial.
2. Aparta la mirada normalmente.
3. Vuelve a mirarle de repente con los ojos bien abiertos como si no pudieras creer lo que estás viendo.

La clave para hacer bien una mirada doble es calcular el tiempo con precisión. Cada paso debe estar claramente diferenciado, y el niño debe ver los tres. Para que resulte más gracioso mueve la cabeza rápidamente antes de mirar de nuevo a tu hijo, incluye un pequeño efecto sonoro y abre los ojos todo lo posible. Para buscar ejemplos puedes ver comedias antiguas o series de dibujos animados.

Cara ridícula

Los rasgos faciales tienen unas funciones prácticas, pero también pueden ser muy divertidos. Alborótate el pelo, cruza los ojos, tírate de las orejas, arruga la nariz, hincha los carrillos, frunce los labios y saca la lengua delante de un espejo hasta que encuentres la combinación perfecta.

Pon esa cara mientras ayudes a tus hijos con los deberes, en medio de una comida o a través del retrovisor. Una cara ridícula bien puesta provocará siempre una sonrisa.

Salida graciosa

Deja a tus hijos con una sonrisa en la boca saliendo de la habitación de un modo inesperado. Comienza con estos pasos clásicos y luego desarrolla una salida personal.

Charlie Chaplin. Junta los talones, pon las puntas de los pies hacia fuera y anda con pasos cortos y rápidos. (No olvides moverte en silencio.)

Groucho Marx. Dobla las rodillas, inclina el cuerpo hacia delante para formar un ángulo de 55° y da zancadas exageradas. (El puro y el bigote son opcionales.)

Marilyn Monroe. Camina como si llevaras tacones altos, contonea las caderas y lanza besos al aire. (Aunque a ella le quedaba muy bien, tú deberías tener un aspecto ridículo.)

Peter Lorre. Dobla los dedos, inclina la cabeza y cojea arrastrando una pierna. (Arruga también la cara y anda encorvado.)

Neil Armstrong. Un gran paso para el hombre, un salto gigante para la humanidad. Una manera estupenda de dar a tu salida un toque espacial.

SUPERLISTA
Diez formas magníficas de hacer reír

1. Saca un disfraz grotesco. Unas gafas de carnaval, un pollo de goma, una flor con agua.

2. Ponte una ropa extravagante. Un sombrero pequeño, unos pantalones enormes, unos tacones altos de mamá.

3. Habla con una voz ridícula. Un falsete agudo, un tono muy bajo, una mala imitación.

4. Cuenta un chiste divertido. Un acertijo difícil, una definición absurda, una ocurrencia original.

5. Haz una parodia disparatada. Tocino friéndose, un cocodrilo zapateando, una batidora que se ha vuelto loca.

6. Haz un ruido raro. El crujido de una puerta, el chillido de un mono, una moto vieja con el tubo de escape roto.

7. Estréllate un pastel en la cara. Nata montada, espuma de afeitar, merengue.

8. Finge que te has hecho daño. Tropieza, aplástate un dedo, golpéate la cabeza.

9. Contesta al teléfono de un modo sorprendente. «¡Telepizza!», «¡Fábrica de galletas!», «¿Qué sabor prefiere?»

10. Llama a tu hijo con un mote ocurrente. Perkins, Princesa Pucheritos, Don Pim Pom.

¡EH, LOGAN! ¡MIRA ESTO!

27
Actuación teatral

Piezas improvisadas con éxito asegurado

Las improvisaciones son escenas absurdas que se componen sobre la marcha. Además de fomentar la creatividad potencian el trabajo en equipo y despiertan la vena cómica.

Quién/Dónde

Dedícate a lo que quieras y viaja por el mundo sin salir de casa. Lo único que necesitas son dos bolsas de papel, trozos pequeños de papel, un rotulador y un poco de imaginación.

Escribe la palabra «quién» en la primera bolsa y llénala con trozos de papel en los que haya nombres de profesiones atractivas (bailarina de ballet, inspector de perritos calientes, veterinario de vampiros).

Escribe la palabra «dónde» en la segunda bolsa y llénala con trozos de papel en los que haya nombres de lugares interesantes (un centro comercial, una balsa en el borde de una catarata, una caja gigante de palomitas de maíz).

Elige al azar un papel de una bolsa y tu hijo de la otra para crear una escena; por ejemplo: unos fabricantes de donuts en la selva africana o unos vaqueros de rodeo en la luna.

Representa con tu hijo la escena hasta llegar a una conclusión divertida y escoge otros dos papeles para hacer una nueva escena. Cuando termine la sesión guarda las bolsas para usarlas en otra ocasión.

Mensajes secretos

He aquí una improvisación que pondrá unas palabras en tu boca y una sonrisa en tu cara.

Escribe una docena de frases absurdas en trozos de papel. Inventa frases originales («Dame un elefante», «A mi tostada se le ha perdido el zapato») o usa expresiones famosas («Ser o no ser», «¡Más madera!»).

Dobla los papeles con tu hija, elegid dos frases cada uno y, sin mirar, guardadlas en los bolsillos. Piensa en un lugar interesante y comienza a representar una escena. En medio de la conversación saca un papel de tu bolsillo y di exactamente lo que esté escrito en él. Eso hará que la historia vaya en una nueva dirección. Continúa durante un rato y luego dile a tu hija que lea una de sus frases de la misma manera.

Cuando se hayan utilizado los cuatro mensajes secretos se llega a una conclusión, se elige un nuevo lugar, se sacan otras cuatro frases y se comienza de nuevo. Al terminar la sesión guarda todos los papeles en la bolsa para otra ocasión. Siempre se pueden añadir nuevas frases.

Accesorios estrambóticos

Coge una bolsa de papel y llénala con objetos pequeños (un marco, una cuchara, una rana de goma). Si encuentras muchas cosas pequeñas o un par de objetos grandes interesantes utiliza dos bolsas.

Elige un lugar para representar una escena. Busca razones para meter la mano en una bolsa («¡Mira qué he encontrado en mi zapato!» o «¡Aquí tengo un remedio perfecto para el hipo!») y saca un objeto al azar para usarlo inmediatamente en la escena. Sé creativo. Un hueso de perro se puede convertir en un bastón, o un vaso de papel en un sombrerito.

Incluid cuatro accesorios en la escena, llegad a un buen final y comenzad de nuevo. Al terminar la sesión, poned los objetos en su sitio o dejadlos en la bolsa para otra ocasión. Sólo debéis recordar qué hay dentro por si acaso mamá necesita la batidora que habéis usado como máquina de cosquillas para derrotar a un pirata con un garfio sacado de una percha.

Espectáculo improvisado

Practica algunas improvisaciones y represéntalas para la familia y los amigos. Reúne a unos cuantos invitados, sírveles algo para que estén de buen humor y deja que te aporten ideas. Pueden sugerir profesiones y lugares para **Quién/Dónde**, escribir frases para **Mensajes secretos** o donar objetos personales para **Accesorios estrambóticos**. Después de la actuación inclinaos, dad las gracias al público por sus sugerencias y recompensad sus esfuerzos firmándoles autógrafos.

28
Risas ocultas
Pantomimas detrás de esquinas y sofás

La próxima vez que algo se interponga entre tu hijo y tú transfórmalo en algo especial. Esconde la mitad del cuerpo y simula todo tipo de locuras.

Beso tonto

Ponte a un lado de una puerta para que tus hijos te vean sólo por detrás. Haz ruidos de besos y pásate las manos por la espalda como si alguien te estuviera abrazando.

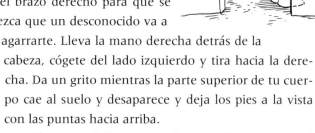

Derribo estúpido

Esconde la parte derecha de tu cuerpo detrás de una pared. Dobla el brazo derecho para que se vea la mano y parezca que un desconocido va a agarrarte. Lleva la mano derecha detrás de la cabeza, cógete del lado izquierdo y tira hacia la derecha. Da un grito mientras la parte superior de tu cuerpo cae al suelo y desaparece y deja los pies a la vista con las puntas hacia arriba.

Siéntate (tu hijo no te verá), apoya las manos en el suelo y deslízate despacio hacia atrás. Al niño le parecerá que el desconocido te está arrastrando.

Canoa

Ponte detrás del sofá con las rodillas dobladas y los brazos colocados como si tuvieras un remo. Rema a derecha e izquierda moviéndote despacio hacia delante con cada golpe. Da la vuelta a la embarcación, simula que hay un agujero en el fondo y rema en vano. Saca agua de la canoa, di adiós y sumérgete poco a poco.

Ascensor

Ponte detrás del sofá en el centro, pulsa un botón imaginario, dobla las rodillas y baja poco a poco hasta desaparecer. Levántate cuando quieras y detente a mitad de camino como si te hubieras quedado atrapado entre dos pisos. Aprieta los botones con gesto furioso para que el ascensor suba, baje y vaya hacia los lados a distintas velocidades.

Escalera mecánica

Para bajar ponte de puntillas detrás de un extremo del sofá, mantén la espalda recta y camina hacia delante doblando despacio las rodillas. Para subir ponte en cuclillas y anda en dirección contraria enderezando las piernas poco a poco. Haz que la escalera cambie de velocidad y te lleve hacia el otro lado antes de detenerse y lanzarte por los aires.

Monopatín

Dobla un poco las rodillas como si estuvieras completamente erguido y luego levántate mientras simulas que te subes a un monopatín. Muévete despacio y rápidamente, inclínate a derecha e izquierda y extiende los brazos para mantener el equilibrio. Haz giros rápidos, saltos difíciles y una salida espectacular.

Escalera

Ponte de puntillas y camina hacia delante descendiendo un poco más a cada paso. Para subir ponte en cuclillas y asciende despacio en dirección contraria. Come un plátano al bajar y echa la cáscara detrás de ti. Resbala con ella al subir y desaparece detrás del sofá cayendo al suelo.

29
Chapeau
Trucos y acrobacias con sombreros

Superpapá posee muchos sombreros, y todos ellos tienen muchas posibilidades. ¿Necesitas un truco para entretener a tus hijos? Coge un sombrero y utiliza la cabeza.

De la mano a la cabeza
Esta elegante forma de ponerse un sombrero es perfecta para comenzar.

1. Extiende un brazo delante de ti con la palma de la mano hacia arriba y un sombrero colgado de las puntas de los dedos. Asegúrate de que el sombrero esté en el sentido adecuado para que te quede bien en la cabeza.
2. Al doblar el codo dobla los dedos para que la copa del sombrero quede sobre tu muñeca.
3. Sube la mano hacia arriba y ponte el sombrero en la cabeza.

Si lo haces rápidamente parecerá que el sombrero pasa volando del brazo a la cabeza. A los niños les encantará.

De los pies a la cabeza
Para realizar esta increíble hazaña no hace falta que tengas los pies muy grandes; bastará con un poco de determinación. Adelanta tu mejor pie y pon un sombrero en la punta. Echa el pie hacia delante para que el sombrero suba por los aires y coloca bien la cabeza para que caiga sobre ella.

Lanzamiento de sombrero

¿Te acuerdas del malo de James Bond que lanzaba su sombrero con una puntería asombrosa? Tú también puedes hacerlo, pero no para matar a nadie, sino para entretener a la gente. Quítate un sombrero de la cabeza, simula que es un aro y lánzalo a un objetivo. Apunta a un perchero, el poste de una cama o el respaldo de una silla.

Consejo práctico: Evita los jarrones caros, las lámparas y las piezas de cerámica familiares, aunque no sean muy bonitas.

Trucos para dos

Para hacer trucos de sombreros con tu hijo deberías marcarte tres objetivos: procura que sean sencillos, ágiles y divertidos. Prueba con los que vienen a continuación para empezar.

Pase de sombrero

Tu hijo se pone el sombrero y se da la vuelta para marcharse. Tú extiendes la mano (con la palma hacia abajo) y lo pasas de su cabeza a la tuya. Al darte la vuelta para marcharte él te lo coge del mismo modo y se lo vuelve a poner. Pasad el sombrero de una cabeza a otra sin que nadie lo tenga puesto más de unos segundos.

Doble pase de sombrero

Añade un segundo sombrero y colocaos frente a frente. Extended la mano al mismo tiempo, coged el sombrero del otro y ponéoslo en la cabeza. En cuanto tengáis los sombreros puestos cogedlos de nuevo. Comenzad despacio e id aumentando el ritmo poco a poco. También podéis repetir las órdenes en voz alta (¡Coger! ¡Levantar! ¡Poner!).

Consejo práctico: Para variar podéis coger vuestro sombrero y ponérselo al otro. No hemos incluido las instrucciones, pero nos imaginamos que sabrás hacerlo.

Malabares con sombreros

Utiliza unos cuantos trucos con sombreros para hacer una sesión de malabarismo. Elige unos sombreros consistentes y fáciles de manejar y luego mezcla una serie de pases para que los sombreros salten de un lado a otro. Incluye los trucos que has aprendido y añade alguno de tu cosecha (tu hija da un puntapié al sombrero, tú lo coges y te lo pones en la cabeza y ella te lo quita).

La sesión puede aderezarse con chistes o hacerse en silencio con vuestra música favorita. Hay que ensayar hasta que os salga con fluidez antes de demostrar vuestras habilidades a la familia y los amigos. Si sale bien puede que se descubran ante vosotros.

SÉPTIMA PARTE

El papá más atlético

30
Papá es un campeón
Disparates deportivos

Cuando enseñes a tus hijos los aspectos técnicos de los deportes no olvides enseñarles también los más divertidos. Sorpréndeles con unos lanzamientos fantásticos para animar un poco el juego.

Pase ficticio

Lleva el brazo detrás de la cabeza como si fueras a lanzar una pelota de béisbol. Utiliza la mano libre para animar a tu hijo a cogerla. Cuando empiece a correr esconde la pelota en la parte posterior de la camisa (por el cuello o por debajo).

Cuando se vuelva hacia ti para esperar el pase actúa como si acabaras de lanzar la pelota. Levanta la mano hasta los ojos como si la vieras volar sobre su cabeza antes de desaparecer. Cuando se dé la vuelta para buscar la pelota sácala rápidamente de tu camisa y simula que la coges como si hubiera dado la vuelta al mundo.

Pelota desaparecida

Comienza sujetando una pelota de béisbol debajo de la cintura y extiende el brazo recto sobre la cabeza como si la soltaras. Repite el movimiento varias veces aumentando gradualmente la altura. Para hacer desaparecer la pelota cógela disimuladamente con la mano libre y pon cara de asombro como si hubiera llegado a las nubes.

Tiro de billar

MATERIALES: Mesa de billar • Una moneda • Un vaso ancho y bajo

Haz un descanso en una partida de billar para lanzar un tiro que dejará a tus hijos boquiabiertos. Coloca una moneda en la banda de forma que toque el borde pero no quede colgando. Pon un vaso ancho y bajo en la madera detrás de ella. Deja la bola blanca en el centro de la mesa justo enfrente de la moneda y el vaso. Lanza la bola a la banda para que la moneda suba hacia arriba y caiga en el vaso.

SUPERLISTA

Diez tiros de baloncesto para enseñar a los niños

1. Ale-hop. Salta hacia el aro mientras tu hija te echa el balón. Cógelo en el aire y encéstalo. Si fallas di que es un «alehop» y vuelve a intentarlo.

2. Tiro posterior. Ponte detrás del tablero y lanza el balón por encima para que pase por el aro.

3. Gran bote. Bota el balón con fuerza en el suelo de forma que entre en la canasta. Si no está bien inflado no lo conseguirás.

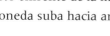

4. Tiros con papá. Levanta a tu hija para que pueda lanzar el balón. Ponla hacia atrás para que haga un tiro invertido o dale unas cuantas vueltas antes de que lance. Deja que pierda el contacto con la realidad, pero asegúrate de que la sujetas bien.

5. Tiro de la abuela. Deja los brazos colgando y lanza el balón por debajo disimuladamente.

6. Gancho. Ponte de lado junto a la canasta y sujeta el balón en la mano lo más lejos posible. Comienza en la cintura y lanza el tiro como si describieras medio círculo. Suelta el balón cuando esté sobre tu cabeza.

7. Tiro largo. Aléjate un poco de la canasta y lanza el balón con tu mejor estilo. Asegúrate de que estás lo bastante lejos para que el tiro sea espectacular, lo bastante cerca para poder conseguirlo y en buena forma para recuperar el balón si fallas.

8. Tiro de cabeza. Inclínate hacia atrás de espaldas a la canasta, mira al aro y lanza el balón sobre tu cabeza. (Inténtalo también sin mirar.)

9. Rebote. Si fallas un tiro salta para coger el rebote y tira otra vez antes de caer al suelo. Repítelo hasta que consigas un tanto (o te pases haciendo el ridículo).

10. Tiro combinado. Crea tu propio tiro combinando ideas. ¿Qué te parece un ale-hop posterior largo con gancho y con los ojos cerrados?

31
Golpes geniales
Pases y lanzamientos creativos

Cuando tus hijos se aburran jugando al golf da un golpe de gracia para crear un gran campo de diversión. Tantea algunas de estas sugerencias y todos os lo pasaréis en grande.

Lanzamiento doble

MATERIALES: Un taco de golf • Un palo de gol • Dos pelotas de golf de la misma marca

Clava un taco de golf en el suelo hasta que quede bien nivelado. Pon una pelota de golf sobre el taco y coloca otra encima. Si las pelotas son de la misma marca y están en buen estado es más fácil de lo que parece (y los niños se quedarán ya impresionados).

Coge un palo de golf y golpea la pelota de abajo con un lanzamiento normal. Ésa irá hacia delante, pero la otra subirá recta hacia arriba. Cógela con tu gorra para rematar la faena.

Palo de billar

La próxima vez que tengas un golpe corto (en un campo de golf o en un minigolf), túmbate boca abajo, da la vuelta al palo y usa el mango como si fuera un taco de billar. «Bola blanca, hoyo delantero.»

SUPERMOMENTO
Película de golf casera

La anécdota de golf que recuerdo con más cariño fue cuando mi padre hizo una película de ocho milímetros en la que yo hacía un hoyo de un solo golpe. Planificó la película en cuatro tomas distintas que rodamos seguidas para no hacer ningún montaje: el golpe, la trayectoria, el aterrizaje y la caída en el hoyo.

Papá filmó las tres primeras, pero al llegar a la cuarta yo cogí la cámara para que él metiera la pelota en el agujero. Lo consiguió al primer intento.

Después de esperar una semana para revelar la película, esto es lo que vimos: un primer plano de mi lanzamiento, una imagen bien encuadrada de la pelota volando, un bonito plano de la pelota botando en el césped y una imagen un poco desenfocada de papá metiendo la pelota en el agujero.

Al verla nos partimos de risa, y seguimos haciéndolo cada vez que la ponemos.

Golf playero

Lleva a la playa un palo de golf viejo y unas cuantas pelotas y construye tu propio minigolf con arena. Haz túneles, rampas, barreras, canales y la típica trampa en la arena.

He aquí algunos diseños divertidos para empezar:

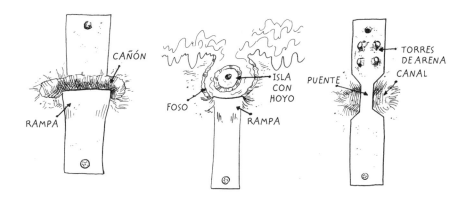

Club de campo

Transforma tu casa en un campo de golf diseñando pistas en varias habitaciones. Haz túneles con libros, rampas con bloques y obstáculos con macetas. Para terminar coloca vasos de plástico estratégicamente situados.

Consejo práctico: Da a los niños utensilios de plástico para que no haya riesgos. Si las cosas se complican puedes hacer un recorrido normal. He aquí tres posibles trazados:

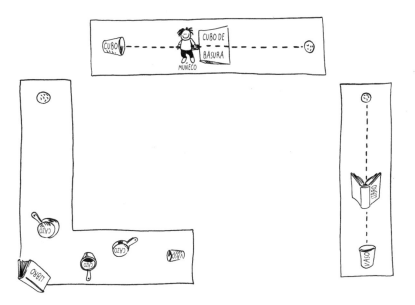

32
Chapuzones
Juegos de agua creativos

Puesto que más de tres cuartas partes del planeta están cubiertas de agua, sumérgete en ella y refresca los ánimos con estos sensacionales trucos acuáticos. ¡No olvides que la seguridad es lo primero!

Paseo en delfín

Dile a tu hija que se ponga encima de ti con los brazos alrededor de tu cuello. Nada como una marsopa por el agua salpicando por encima y por debajo de la superficie mientras ella se agarra a ti.

Lanzamiento de cohete

Con este fantástico truco tu hijo lo pasará bomba. Dobla un poco las rodillas, apoya los codos en la cintura y pon las palmas de las manos hacia arriba. Dile a tu hijo que se siente en tus manos con los pies sobre tus rodillas. Lánzale al aire estirando las piernas y extendiendo los brazos con un movimiento rápido. Mantente cerca para rescatarle después de la caída.

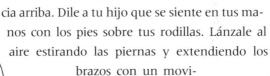

Consejo práctico: Después del lanzamiento no hace falta que esperes a que el cohete se enfríe para seguir nadando.

Masaje mágico

Ayuda a tu hijo a flotar boca arriba completamente quieto y relajado. Sumérgete en el agua y luego sube despacio hasta que estés a unos centímetros de su espalda. Mueve las manos para crear pequeñas corrientes de agua cerca de su cabeza y de sus pies, y después sopla para echarle burbujas en la espalda. Sigue moviendo las manos cuando te asomes para respirar. El masaje puede durar todo lo que quieras. Cuando te canses intenta convencer al niño para que te dé un masaje mágico a ti.

Oleaje

Ponte en la parte menos profunda de la piscina, coloca una tabla de lado delante de ti y comienza a empujarla hacia arriba y hacia abajo. Tu hija puede ayudarte a mover tu tabla, empujar la suya o quedarse en el borde mirando. Cuando consigas hacer unas olas consistentes ponla encima de la tabla para que navegue sobre ellas.

Consejo práctico: En el mar quizá no tengas que hacer nada de esto.

Surtidor

Dobla los dedos para que queden planos sobre la palma de la mano. Pon el pulgar hacia arriba dejando un pequeño agujero en el centro del puño. Mete la mano en el agua, mantén el pulgar sobre la superficie y deja que entre un poco de agua en el agujero. Aprieta los dedos contra la palma y lanza el agua hacia arriba.

Fuente flotante

Después de dominar el «surtidor» puedes realizar este espectacular número acuático. Llénate la boca de agua cuando no haya nadie mirando. Además de formar parte de la sorpresa, no querrás que te vean beber de la piscina. Mantente flotando en el agua y extiende los brazos con las dos manos en la posición del «surtidor». Aprieta las palmas para crear dos pequeños surtidores. Espera a que tus hijos se fijen en ti y luego lanza un chorro de agua hacia arriba por la boca. Les dejarás impresionados.

SUPERLISTA
Diez formas originales de tirarse al agua

1. Bala de cañón. Salta en el aire y enróllate todo lo posible agarrándote las rodillas dobladas con los brazos.

2. Caída del acantilado. Da un paso hacia delante y corre en el aire al darte cuenta de que no estás tocando el suelo.

3. Caída distraída. Lee un periódico imaginario o mira el reloj mientras vas hacia el borde sin darte cuenta.

4. Pirueta. Hacia delante o hacia atrás y luego hacia abajo.

5. Caída recta. Levanta los brazos como si fueras a tirarte de cabeza y cae de pie en el agua.

6. Tripada. Da un salto, extiende los brazos y las piernas y déjate caer sobre el vientre.

7. Navaja. Salta en el aire agarrándote una rodilla doblada con los dos brazos. Extiende la otra pierna hacia abajo.

8. Plancha. Ponte de espaldas al agua, extiende los brazos y tírate recto hacia atrás.

9. Dormilón. Salta hacia arriba, cae de lado y pon las manos detrás de la cabeza como si estuvieras durmiendo.

10. Resbalón. Simula que pisas una cáscara de plátano y resbalas.

33
Lucha libre
Peleas seguras y divertidas

Si a tu hijo le gusta jugar a peleas únete a él para pasar un
buen rato. He aquí tres reglas para garantizar que haya
un juego limpio: 1. Haz hincapié en el juego, no en la pelea.
2. No subestimes tu fuerza. 3. Deja que el niño gane
la mayoría de las veces.

Pelea de cosquillas

Cruza los brazos poniendo un codo sobre el otro. Levanta la mano de abajo con los dedos extendidos y ponla sobre tu cara como una máscara protectora. Mira entre los dedos e intenta hacer cosquillas a tu hija. Dile que se coloque de la misma manera y se defienda de tus cosquillas mientras intenta hacerte cosquillas a ti.

Guerras de pulgares

Dobla los dedos hacia dentro y engánchalos con los de tu hijo con los pulgares frente a frente. Moved los pulgares hacia arriba y hacia abajo mientras recitáis este poema: «Un, dos, tres. Te declaro una guerra con los pies». Luego intentad pillar el pulgar del otro. He aquí unos cuantos trucos que podéis probar:

Dilación. Levanta el pulgar y espera a que tu hijo se impaciente. En cuanto haga un movimiento deja caer tu pulgar sobre el suyo.

Trampa. Pon el pulgar plano, espera a que tu hijo intente pillarlo y dale la vuelta para atrapar el suyo.

Cosquillas. Inclina el pulgar hacia delante para hacer cosquillas a tu hijo en el suyo mientras lo tenga aún en el aire. Cuando intente esquivar el ataque de cosquillas empuja su pulgar hacia abajo para pillárselo.

Esgrima con globos

Infla unos globos largos y estrechos para dar unas estocadas. Coge el extremo de un globo, dobla la mano libre detrás de la espalda, ponte frente a tu hija y comenzad a luchar con los globos. Si tocas el vientre de tu adversario con la punta del globo ganas cinco puntos. El combate terminará cuando alguien consiga veinticinco puntos.

NOTA DE SEGURIDAD: Los globos desinflados y los fragmentos rotos son peligrosos para los niños y los animales.

Concurso de miradas y sonrisas

Poneos un poco separados y cerrad los ojos para ver quién aguanta más tiempo sin parpadear. Para que el concurso resulte más divertido podéis poner caras ridículas hasta que alguien sonría.

Batalla de hierbas

Coge una brizna de hierba y haz un lazo con ella sujetando los dos extremos con las puntas de los dedos. Dile a tu hija que elija una brizna de hierba, la pase por la tuya y agarre los dos extremos. Tirad de las briznas suavemente hacia atrás hasta que una de ellas se rompa. Ganará el jugador que se quede con la brizna entera.

Pelea de almohadas

Busca una zona segura para hacer peleas de almohadas con tu hijo. Deja que te golpee con todas sus fuerzas mientras simulas que no puedes hacer nada para evitarlo. Enséñale algunas maniobras originales para que las repita una y otra vez.

SUPERLISTA
Diez maniobras para pelear con almohadas

1. Tiro rápido. Tu hijo sujeta una almohada con la mano derecha, la agita en el aire y luego la derriba con la almohada que tiene en la mano izquierda.

2. Golpe de platillos. Coge una almohada con cada mano, las pone a los lados de tu cabeza y las junta de repente.

3. Autos de choque. Pone una almohada delante de su cuerpo y choca contra la tuya.

4. Trineo. Coge una almohada y luego salta sobre ti con la almohada por delante.

5. 360º. Balancea la almohada pero no te da, hace un giro y te pilla al dar la vuelta.

6. Caída con golpe. Echas la almohada hacia abajo, fallas y te caes al suelo. Él te da en la parte posterior de la cabeza.

7. Sacudida hacia atrás. Se da la vuelta, coge una almohada con las dos manos y la lanza hacia atrás sobre su cabeza.

8. Bomba. Lanza una almohada al aire para que caiga sobre ti desde arriba.

9. «¡Mira detrás de ti!» Dice estas palabras y cuando miras te da un golpe.

10. Truco sucio. Te dice que su almohada tiene una mancha y te la estampa en la cara cuando te inclinas para mirar.

SUPERMOMENTO
Frases para peleas de almohadas

Mi hijo y yo tenemos unas cuantas frases mágicas que él puede decir cuando nos peleamos con almohadas para alterar el curso de los acontecimientos.

«¡Suéltalas!» hace que todas las almohadas caigan de mis manos al instante.

«¡Despacio!» me obliga a andar a paso de tortuga para que él pueda correr más que yo.

«¡Ábrete Sésamo!» le libera de la sábana o manta que le he puesto sobre la cabeza.

«¡Al revés!» nos obliga a cambiar de posición. Si yo le tengo atrapado debajo de una almohada nos damos la vuelta para que él me pille a mí.

«¡Congélate!» hace que me convierta en una estatua para que él pueda librarse de mi ataque y dejarme sin sentido. (Por alguna razón, ésta es su favorita.)

OCTAVA PARTE

Un maître genial

34
Música
en la mesa
Fantásticas melodías caseras

A los niños les encanta golpear cazos y sartenes, pero hay
formas más elegantes (y tranquilas) de hacer música.
Los armarios de la cocina pueden abrir la puerta a una gran
variedad de posibilidades sinfónicas.

Música acuática

Si quieres sorprender a tu hijo con una nueva forma de hacer música
prueba este truco infalible. Coge de tres a siete vasos. No es necesario que
sean iguales. Ni siquiera tienen que estar limpios. Basta con que sean de
cristal. Llénalos con diferentes niveles de agua (el del extremo izquierdo
debería estar casi lleno y los siguientes un poco más vacíos) para tocarlos
como si fuera un xilófono.

Coge una cuchara sin apretarla mucho y da un golpecito en el lateral
de cada vaso. Un golpe suave producirá un bonito sonido. (Con un golpe
fuerte sólo habrá ruido.)

Empieza con una sencilla escala (comenzando con el vaso de la izquierda y continuando hacia la derecha) y luego intenta tocar algunas me-
lodías conocidas. He aquí una popular canción con seis vasos para que empieces a practicar:

Campanitas

1	1	5	5	6	6	5	4	4	3	3	2	2	1
5	5	4	4	3	3	2	5	5	4	4	3	3	2
1	1	5	5	6	6	5	4	4	3	3	2	2	1

NOTA MUSICAL: Para que la música sea más atractiva añade disimuladamente una gota de colorante alimentario en cada vaso antes de echar el agua de la jarra.

Arpa de cristal

Si hay copas de cristal sobre la mesa tienes un bonito instrumento al alcance de tu mano. Echa agua en una copa de cristal y moja un poco la punta del dedo índice. Pasa el dedo por el borde de la copa a un ritmo constante y como por arte de magia sonará una suave nota.

Llena unas cuantas copas a diferentes alturas e intenta crear una pequeña melodía. (Cuanta más agua haya más agudo será el tono.) Deleita a tus hijos con un repertorio improvisado o ensaya con antelación una canción conocida.

Campanadas domésticas

Aunque al principio este truco parece un poco tonto tiene un espléndido final sinfónico. Ata una cuchara en el centro de un trozo largo de lana o cuerda. Enrolla los extremos de la cuerda alrededor de los índices de tu hijo y ponle las puntas de los dedos en los oídos.

Luego dile que balancee la cuchara para que pegue contra el borde de una mesa o una silla. Cuando lo haga oirá un bonito sonido, como si sonaran las campanas de una iglesia.

La próxima vez que le preguntes si quiere hacer el truco conseguirás una sonora aprobación.

Cucharas rítmicas

Coge dos cucharas con firmeza en un puño de forma que una quede hacia arriba y otra hacia abajo. Sujeta la cuchara de arriba entre el pulgar y el índice y la de abajo entre el índice y el dedo corazón. Mantén las cucharas un poco separadas para que puedan chocarse cuando las golpees contra algo.

Siéntate (o apoya una pierna en un taburete) y pon la palma de la mano libre a unos centímetros de la pierna. Inicia un ritmo golpeando las cucharas en la pierna. Crea distintos sonidos extendiendo los dedos de la mano libre y deslizando las cucharas arriba y abajo contra ellos. Para variar puedes darte un golpecito de vez en cuando en el estómago, los brazos o los pies.

35
Cubiertos mágicos
Cucharas, tenedores y cuchillos fantásticos

Desde que el plato huyó con la cuchara (y se encontró al tenedor por el camino) no había habido tanto revuelo en la cocina. Pon en práctica estos divertidos trucos para ponerlos a todos en orden.

Cuchara en la nariz

Echa el aliento disimuladamente en la parte cóncava de una cuchara. (No querrás que tus hijos te vean haciendo algo así.) Pégate la cuchara a la punta de la nariz y habla como si tal cosa mientras la tienes ahí colgada.

Consejo práctico: Con un tenedor este truco puede ser espectacular, pero también muy doloroso si te lo clavas en el ojo.

Tenedor flotante

| Tu hijo ve esto. | Cree que estás haciendo esto. | Pero lo que haces es esto. | ¡Por esto! |

Comida equilibrada

MATERIALES: Una cuchara · Un tenedor · Un palillo de dientes · Un vaso

Con este ingenioso truco conseguirás un gran éxito. Mete la punta de una cuchara en los dientes de un tenedor. Los dos dientes interiores deberían quedar en la parte cóncava, y los exteriores en la convexa. Luego mete un extremo de un palillo entre los dos dientes del medio y pon el otro extremo en el borde de un vaso. Ajustando un poco todo quedará perfectamente equilibrado.

SUPERMOMENTO
Truco afilado

Durante años he entretenido a mi familia con un truco muy divertido. Me siento en una mesa enfrente de los niños, comento que el cuchillo de la mantequilla tiene poco filo y luego me pongo un plato limpio entre las rodillas para convertirlo en una rueda de afilador.

Primero paso los dedos por el borde como si girara la «rueda» hacia mí. Después doy botes con las piernas para seguir moviéndola. Y por último acerco el cuchillo al plato y actúo como si el roce de la «rueda» fuera alterando el filo. Como mis hijos sólo ven la mitad superior del plato les parece que estoy afilando el cuchillo. Yo también me lo paso en grande examinando la hoja, limpiándome la frente y silbaldo mientras trabajo.

Para terminar dejo el cuchillo a un lado y detengo la «rueda» cogiéndola con una mano. Para probar el cuchillo recién afilado me quito un pelo imaginario, lo paso por la hoja y simulo que se corta en dos trozos. He enseñado a mi hijo mayor a hacer el truco, y ya lo hemos realizado juntos varias veces. Mi siguiente meta es representar esta parodia con mis tres hijos el día de Acción de Gracias en una fiesta familiar.

36

Pajitas extraordinarias

Sorbos de diversión

Hay tres cosas que no deberías hacer con pajas: 1. Sacar la más corta en una situación difícil. 2. Intentar construir una casa a prueba de lobos (sobre todo si eres un cerdito). 3. Hacer un pajar y buscar una aguja en él. Todo lo demás está permitido, especialmente si las pajitas son para beber.

Envoltorio volador

Rasga una tercera parte del envoltorio de una pajita. Sopla por el lado abierto de la pajita y lanza el resto del envoltorio por los aires. Enseña a tus hijos a apuntar a la papelera, pero prepárate para convertirte en su blanco favorito.

Gusano de papel

¿Cómo puedes hacer que el envoltorio de una pajita cobre vida? Simplemente añadiendo agua. Arruga el papel hacia abajo, sácalo y ponlo sobre una mesa. Echa sobre él una gotita de agua y observa cómo se estira y se retuerce como un gusano.

Tirabuzón

Aplana disimuladamente el envoltorio de una pajita y dóblalo en zigzag como un acordeón para que quede como un cuadradito. Simula que te rascas la oreja y encaja un extremo en la abertura. Tira del otro extremo con un movimiento rápido y gruñe o jadea mientras sale la tira de papel.

Nota: Si tienes la oreja demasiado grande para encajar en ella el envoltorio sácatelo de la nariz. Si también tienes la nariz muy grande no necesitas hacer nada de esto para entretener a tus hijos.

Golpe de kárate

Sujeta los extremos de una pajita con los pulgares y los índices de las dos manos y luego gira una mano sobre la otra despacio. La pajita se enrollará alrededor de los índices dejando una pequeña sección de aire comprimido en el centro.

Levanta las manos hacia tu hija y dile que doble el dedo corazón hacia atrás y dé un golpe rápido en el medio de la pajita. Si lo hace con firmeza habrá un pequeño estallido y la pajita se partirá por la mitad. Guarda los dos trozos como recuerdo para tu nueva campeona de kárate.

Pajita al revés

Saca una pajita, métela en un vaso y haz burbujas. Pon cara de sorpresa, mira la pajita y di: «¡Vaya! He debido ponerla al revés». Da la vuelta a la pajita, inserta el otro extremo en el vaso y bebe normalmente.

Bolitas de papel

Este truco no lo vamos a explicar porque no nos parece oportuno tratar un tema «viscoso». Además, no es necesario que un padre enseñe a su hijo a lanzar bolitas de papel.

Algún supuesto amigo pervertirá a tu hijo en algún momento entre el segundo y el quinto curso. La certificación oficial llegará en forma de carta o llamada telefónica de un profesor indignado.

Con la charla que tendrás con él puede que se modere durante un tiempo, pero será inevitable que vuelva a practicar este deporte milenario.

SUPERMOMENTO
Refresco decolorado

Un día que mi hijo pidió un refresco de naranja en un restaurante de comida rápida yo pedí un Sprite, tapé los dos vasos y decidí hacer un truco.

Al coger las pajitas metí una en su refresco, la tapé con el dedo, la saqué y la puse en mi vaso manteniéndola tapada con el dedo hasta que llegó al fondo. De ese modo oculté un chorrito de su refresco en mi vaso de Sprite.

Luego inserté una pajita normal en su bebida y se la di mientras me sentaba. Cuando empezó a beberla fingí que yo también bebía de mi vaso. Entonces hice una mueca, puse un dedo sobre la pajita, la saqué y eché el líquido en una servilleta para que creyera que a mí también me habían dado un refresco de naranja.

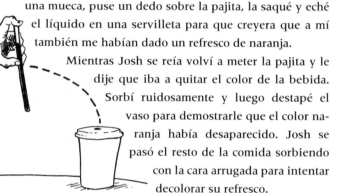

Mientras Josh se reía volví a meter la pajita y le dije que iba a quitar el color de la bebida. Sorbí ruidosamente y luego destapé el vaso para demostrarle que el color naranja había desaparecido. Josh se pasó el resto de la comida sorbiendo con la cara arrugada para intentar decolorar su refresco.

37
Servilletadas
Una marioneta, una obra de teatro y un par de trucos

¿Estás buscando un truco limpio y original para entretener a los niños? Despliega una servilleta y toda tu imaginación para dejarles con una sonrisa en los labios.

Pato de tela

Con esta simpática criatura conseguirás un gran éxito. Ata un nudo en una esquina de una servilleta de tela para formar la cabeza y el pico. Sujeta el nudo con los nudillos del índice y el dedo corazón. Para hacer el cuerpo envuelve la servilleta alrededor de los dedos y cógela por detrás. Ahueca el extremo para formar las plumas de la cola y apoya en la mesa las puntas de los dedos índice y corazón para que sirvan como patas.

Haz que tu pato ande sobre la mesa, beba una gotita de agua o ponga un huevo cocido (cogiéndolo disimuladamente con los dedos por debajo de la servilleta).

Teatro con servilleta

Aunque los padres no deberían animar a sus hijos a jugar en la mesa, nosotros te animamos a hacerlo a ti con una servilleta para representar una pequeña obra de teatro después de comer.

Dobla una servilleta (de papel o de tela) para formar un lazo. Ponte el lazo sobre la cabeza para convertirte en una heroína, debajo de la nariz como si fuera el bigote del malo o debajo de la barbilla para que represente la pajarita del héroe. Mueve la servilleta de un lado a otro cambiando de voz para cada personaje e improvisando los diálogos.

142

Anima a tus hijos a ensayar sus propias escenas y deja que te entretengan a ti en la siguiente comida.

¿Necesitas ideas para crear una historia? Haz que el héroe y la heroína salgan a cenar mientras un camarero malvado intenta sabotearles la velada. Haz que el malo ate al héroe a las vías del tren para que la heroína vaya a rescatarlo. Haz que el malo exija el alquiler a la heroína y que un vecino millonario la ayude. He aquí un posible argumento:

| ¡Tienes que pagarme el alquiler! | ¡No puedo pagarte el alquiler! | ¡Tienes que pagarme el alquiler! |

| ¡Pero no puedo pagártelo! | ¡Yo lo pagaré por ti! | ¡Mi héroe! |

¡Me han vuelto a chafar el plan!

Nudo especial

Enrolla una servilleta de tela para que parezca una cuerda y déjala sobre la mesa. Desafía a tu hija a coger los dos extremos de la servilleta y hacer un nudo en el centro sin soltarla (o a atársela alrededor de la muñeca).

Cuando lo intente y no lo consiga pon la servilleta delante de ti y sorpréndela con una sencilla solución. Cruza los brazos haciendo un nudo con ellos y acércalos a la servilleta. Coge el extremo izquierdo con la mano derecha y el derecho con la mano izquierda. Por último, desdobla los brazos despacio y el nudo se hará solo.

Servilleta restaurada

En este truco se utilizan dos servilletas de papel (aunque tendrás que hacer creer que hay solo una). A efectos de instrucciones las hemos denominado A y B.

Consejo práctico: No digas esto cuando lo lleves a cabo.

Cuando tu hijo no esté mirando dobla la servilleta A en un cuadradito y tápala con tres dedos. Capta la atención del niño y levanta la servilleta B manteniendo la A escondida para que no la vea.

Rasga la B en tiras y dóblalas en un cuadro del mismo tamaño que la A. Mientras lo haces, intercambia disimuladamente las servilletas de forma que la A doblada quede hacia tu hijo y la B rasgada quede hacia ti.

Comienza a desdoblar poco a poco la servilleta A. Mientras la despliegas, haz una bola con la B y escóndela debajo de los dedos. Cuando le des a tu hijo la A para que la examine métete la B en el bolsillo disimuladamente o tírala debajo de la mesa.

38
Panecillos juguetones
Fantásticos juegos de manos con pan

Si hay una cesta de pan sobre la mesa aprovecha la oportunidad para demostrar tus habilidades. Sorprende a tus hijos con estos impresionantes trucos, pero procura que no te pillen con las manos en la masa.

Panecillo de goma

Con este asombroso truco parecerá que estás botando un panecillo como si fuese una pelota.

Siéntate en una mesa enfrente de tu hijo. Da un mordisco a un panecillo y comenta entre dientes algo parecido a esto: «Está tan blando que parece de goma». Luego baja el brazo como si lo tiraras al suelo.

Cuando tengas la mano debajo de la

mesa y tu hijo no la vea lanza el panecillo hacia arriba manteniendo el codo recto y moviendo sólo la muñeca. Si continúas lanzándolo al aire de esta manera y golpeas el suelo con el pie para que suene como un bote resultará muy creíble.

Panecillo flotante
MATERIALES: Un panecillo • Una servilleta • Un tenedor

¿Quieres hacer que un panecillo flote? Clava un tenedor en un lado del panecillo y sujeta el mango con el pulgar y el índice.

Coge una servilleta de tela con las dos manos como si fuese una cortina, con tres dedos de cada mano delante y los pulgares y los índices detrás. Mantén el tenedor escondido en la parte de arriba de la servilleta y muévelo para que parezca que flota por encima. Bájalo al centro de la servilleta y haz que oscile a derecha e izquierda con su forma claramente visible detrás de la tela.

Panecillo con moneda
MATERIALES: Un panecillo • Una moneda • Un tenedor

Con este truco harás aparecer una moneda en medio de un panecillo recién partido. Para empezar dale a tu hija una moneda y dile que haga una marca en ella con un tenedor.

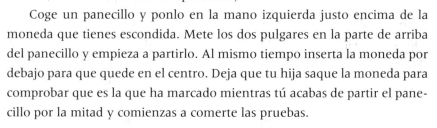

Cuando termine coge la moneda con la mano izquierda. Simula que la coges con la mano derecha y luego ábrela para demostrar que la moneda ha desaparecido. (Véase capítulo 20, «*Voilà!*»: Moneda desaparecida.)

Coge un panecillo y ponlo en la mano izquierda justo encima de la moneda que tienes escondida. Mete los dos pulgares en la parte de arriba del panecillo y empieza a partirlo. Al mismo tiempo inserta la moneda por debajo para que quede en el centro. Deja que tu hija saque la moneda para comprobar que es la que ha marcado mientras tú acabas de partir el panecillo por la mitad y comienzas a comerte las pruebas.

Dardo fantasma
MATERIALES: Un palillo de dientes • Una pajita • Un panecillo

Este afilado truco es para niños un poco mayores. En realidad no vas a lanzar un dardo, pero tu hijo debe comprender que es un truco que él no debería repetir.

Capta su atención, coge un palillo de dientes y métSelo en una pajita. Acércate la pajita a la boca de modo que el palillo quede cerca de los labios como si fueras a lanzarlo como un dardo.

Coge un panecillo y tíralo hacia arriba. Sopla con fuerza por la pajita y luego recoge el panecillo cuando caiga. Por último, inclínate hacia delante y demuestra a tu hijo que el palillo está ahora clavado en el pan.

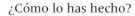

¿Cómo lo has hecho?

Con antelación has clavado otro palillo en el panecillo sin que nadie te viera. Luego has apretado la pajita al soplar y has dejado caer el palillo en tu regazo disimuladamente mientras te inclinabas para presumir de tus habilidades.

Consejo práctico: Ensaya el truco unas cuantas veces para no acabar tragándote el palillo o lanzándolo al aire.

39
Trucos afrutados
Frutas con sonrisas

Puede que no sea muy correcto jugar con la comida, pero a veces la tentación es irresistible. Si buscas algo para hacer sonreír a tus hijos, la madre naturaleza te ofrece una gran variedad de posibilidades. Las frutas están llenas de trucos muy jugosos y nutritivos.

Plátano prerrebanado
MATERIALES: Un plátano • Un alfiler de sombrero o una aguja larga

¿Has oído hablar de los plátanos que se cultivan en rodajas para echarlos directamente al cuenco de los cereales? Enseña a tu hijo este novedoso concepto con un poco de preparación.

Busca un alfiler de sombrero o una aguja más ancha que el plátano. Clava la aguja en la cáscara cerca de la parte de arriba y muévela a derecha e izquierda para cortar el plátano en rodajas sin tocar el otro lado de la cáscara. Saca la aguja, insértala un poco más abajo y repite el proceso varias veces.

Cuando os sentéis a desayunar empieza hablando de ingeniería genética y luego pasa el plátano a tu hijo para que lo pele él mismo. Se quedará asombrado al ver que ya está en rodajas para mezclarlo con los cereales.

Estornudo con fruto seco
Esconde una almendra en la mano y luego tápate la nariz como si fueras a estornudar. Después de varios intentos estornuda con todas tus fuerzas y

deja caer la almendra en la mesa. Di: «Este catarro me va a dejar seco», coge la almendra y métetela en la boca.

Dentadura de naranja

Corta una naranja en cuartos y pela uno de ellos. Haz una incisión horizontal en el centro de la peladura con unas tijeras dejando un centímetro a cada lado. Para formar los dientes haz unos cortes más pequeños hacia arriba y hacia abajo o en diagonal.

Colócate la peladura debajo de los labios y pasa la lengua por detrás para que los dientes se muevan. Pon hacia fuera el lado naranja para parecerte a alguien con los dientes sucios o el lado blanco para parecer un monstruo con los colmillos poco afilados.

Cacahuetes colgantes

Aprieta la mitad superior de una cáscara de cacahuete para que se abra un poco por arriba. Deja que la abertura se cierre en el lóbulo de una oreja para que el cacahuete cuelgue como un pendiente. Ponte otro pendiente en la otra oreja y luego sigue colgándote cacahuetes en cualquier parte de la cara. Engánchatelos en la barbilla, las cejas y la nariz hasta que parezcas un loco de remate.

Uva movediza

En este truco se hacen pasar dos uvas por una, y una de ellas se pasa por la cabeza.

Esconde disimuladamente la uva n.º 1 en la oreja y luego atrae la atención de tu hijo. Métete la uva n.º 2 en la boca y finge que te la tragas. Date un golpecito a un lado de la cabeza para que salga la uva n.º 1. Cógela con la mano derecha y haz una «caída francesa» para que parezca que la pasas a la izquierda. (Véase capítulo 20: «¡*Voilá*!»)

Simula que te metes la uva n.º 1 en la cabeza con la mano vacía. Empuja la uva n.º 2 con la lengua para que asome por la boca. Vuelve a meterla dentro y trágatela de verdad. Levanta la mano derecha, que tu hijo cree que está vacía, saca la uva n.º 1 de su oreja y trágatela (la uva, no la oreja).

Nuez con sorpresa
MATERIALES: Una nuez • Cola • Un objeto pequeño

Demuestra a tu hija que las cosas no son siempre lo que parecen.

Parte una nuez en dos mitades y vacía la parte de adentro. Llena el hueco con algo absurdo y pega de nuevo la cáscara.

Sustituye la nuez por chocolate («Había oído hablar del chocolate con nueces, pero nunca de nueces con chocolate»), dinero («¡Puede que sea verdad que crece en los árboles!») o una nota doblada («Yo llegué antes. Firmado: Una ardilla»).

Pepitas de sandía
MATERIALES: Una sandía (con pepitas) • Un molde de magdalenas

Pon un molde de magdalenas en el suelo y decide cuántos puntos vale cada hueco. Retrocede unos pasos con tus hijos y escupid las pepitas para ver quién consigue más puntos.

Consejo práctico: Esta actividad se debe realizar fuera de casa. Está prohibido escupir pepitas en la cocina.

NOVENA PARTE

El hombre misterioso

40
Criaturas fantásticas
Creación de personajes cómicos

Estas disparatadas criaturas se forman con uno o dos cuerpos. Aúna tu talento con el de tus hijos para disfrutar como enanos (o gigantes).

Pequeña Gran Boca

MATERIALES: Una manta • Una camiseta • Un rotulador lavable

He aquí una pequeña locura que causará una gran impresión. Túmbate boca arriba y deja la cabeza colgando hacia atrás a los pies de la cama. Tápate el cuerpo con una manta y los ojos y la nariz con una camiseta holgada. Cubre la nariz con el cuello de la camiseta para que el resto de la prenda cuelgue hacia abajo como si fuera un cuerpo.

Lo único que debería verse ahora es tu boca y tu barbilla al revés. Pide a alguien que te dibuje dos ojos y una nariz en la barbilla con un rotulador para convertirla en una carita.

Ahora tu Pequeña Gran Boca puede hacer una pequeña actuación, contar una historia divertida o cantar una canción.

Consejo práctico: Si te dibujas la cara tú mismo hazlo antes de ponerte hacia atrás y taparte los ojos.

Si tu hija quiere participar transfórmala en una Minúscula Gran Boca. La gente se dará la vuelta para veros y se lo pasará en grande con vuestro espectáculo.

Marioneta humana

MATERIALES: Un par de botas • Una chaqueta o una camisa desabrochada

Dile a tu hija que se ponga detrás de una mesa y meta los brazos en un par de botas. Pon una chaqueta o una camisa desabrochada hacia atrás y colócasela sobre los hombros.

Ponte detrás de ella, agacha la cabeza y mete los brazos por las mangas de la chaqueta para que parezca que tus manos son las suyas. Ahora tenéis una pequeña marioneta encima de la mesa. Mientras tú controlas los brazos y ella controla las piernas podéis representar juntos una comedia.

Coloca varios objetos sobre la mesa (peines, juguetes, comida) y deja que haga simulaciones. Si por ejemplo dice «Me apetece comer algo», tú tendrás que abrir la bolsa de las galletas y ponérselas en la boca.

Piernas superlargas

La preparación de este truco es muy fácil, pero el efecto es extraordinario. Túmbate boca arriba en el suelo o en una cama y tápate la cintura y la cabeza con una sábana. Dile a tu hijo que se siente sobre tu estómago mirando hacia tus pies con las rodillas a los lados. Cuando se encuentre cómodo tapa sus piernas con la sábana. Desde una perspectiva frontal parecerá que su pequeño cuerpo tiene unas piernas muy largas, sobre todo si lleváis pantalones de un color similar.

Papá bajito

Transfórmate en un tipo bajito con este sencillo disfraz. Pon un par de zapatos en el suelo y arrodíllate en los huecos de los pies. Si te vuelves hacia tu hijo con la parte inferior de las piernas escondida detrás de ti o debajo de una manta, parecerá que tienes las piernas metidas en los zapatos.

Juega o actúa durante unos minutos y luego arrodilla a tu hijo en un par de zapatos para hacer que también sea bajito y compartir con él unos «pequeños» momentos muy especiales.

Después de jugar un rato (o de ensayar delante de un espejo), cread una comedia para representarla ante la familia y los amigos.

Archivo de criaturas fantásticas

Pide a alguien que saque fotografías o grabe un vídeo para poder inmortalizar a vuestras criaturas y enviar las imágenes a los amigos y familiares.

41
La mano fantasma

Juego de manos espectacular

Un Superpapá siempre tiene algún truco en la manga (aunque no haya nada en ella). Arremángate y sorprende a tu hijo con una magnífica función.

Cómo crear la mano fantasma

Mete el brazo derecho en la manga derecha de una chaqueta que te quede holgada y ata los botones. Pon la manga izquierda en el bolsillo izquierdo de la chaqueta y ahuécala como si tuvieras en ella el brazo. Pega el brazo izquierdo al pecho con el codo en el cinturón y la mano fantasma oculta debajo del cuello de la chaqueta.

Qué hacer con la mano fantasma

Acércate a tu hijo con toda naturalidad. Mantén la mano derecha en el bolsillo si es posible. Deja que la mano fantasma salga sutilmente y haga algo sencillo.

Levanta la mano fantasma para...

- Ajustarte las gafas.
- Coger un pañuelo y sonarte la nariz.
    - Meterte un caramelo en la boca.
    - Rascarte la cara.
        - Atrapar un trozo de comida que estabas a punto de comer.
        - Remover un vaso y llevártelo a la boca.
        - Despedirte de tu hijo antes de desaparecer.
        - Limpiarte la cara con un pañuelo.

No te fijes en la mano fantasma. Actúa como si no la vieras y todo fuese normal. Cuando hayas captado la atención de tu hijo puedes comenzar con la función de la mano fantasma.

Función de la mano fantasma

1. Asoma la mano fantasma, haz que te dé un golpecito en un hombro y escóndela mientras miras para ver quién te ha llamado.

2. Deja que la mano vuelva a salir, te dé un golpecito en el otro hombro y se esconda de nuevo.

3. Haz que la mano fantasma repita ambos movimientos mientras te impacientas cada vez más.

4. Empieza a sospechar de la chaqueta. Levanta un poco el cuello con la mano buena y echa un vistazo dentro.

5. Mira hacia arriba, sonríe a tu hijo y encógete de hombros como si no hubiera nada.

Haz una pausa para que haya un poco de suspense...

Espera un poco más...

Muy bien... ¡Ya!

6. Saca la mano fantasma de repente y hazla revolotear delante de tu cara. Reacciona con una expresión de sorpresa.

7. Mueve la mano fantasma para que salte hacia delante con los dedos extendidos y te agarre la cara como si fuera un balón de baloncesto.

8. Coge la mano fantasma por la muñeca con la mano buena para intentar apartarla. Patalea, retuércete y lucha con ella hasta cuando quieras.

9. Deja que la mano fantasma te suelte la cara y se meta debajo del cuello. Pásala por la manga vacía para que salga del bolsillo como si hubiera estado ahí todo el tiempo.

10. Quítate la chaqueta con las dos manos y tírala al suelo.

11. Da un puntapié a la chaqueta para ver si la mano fantasma sigue allí.

12. Lanza un suspiro de alivio al comprobar que ha desaparecido y luego pon cara de desconsuelo al darte cuenta de que puede volver en cualquier momento.

Consejo práctico: Quítate las joyas antes de hacer la función. Los relojes y los anillos que lleve la mano fantasma no deberían aparecer de repente en tus manos.

42
Fotografías paranormales
Imágenes desconcertantes

¿Por qué les fascinan tanto a los niños los fenómenos inexplicables? Es un misterio sin resolver. Si las historias de monstruos y platillos volantes hacen que les brillen los ojos, imagina lo que pueden hacer unas fotos.

Criaturas fantásticas

Después de reunir a dos niños elige una criatura fantástica lo bastante pequeña para que uno de ellos la sostenga en la palma de la mano (un duende, un hada, un gnomo). Disfraza a un niño para que se parezca a esa criatura. Usa un disfraz que ya tengas o ponle una ropa que le vaya bien y añade un sombrero o unas alas de cartulina.

Lleva a los dos niños a un lugar al aire libre donde no haya gente (para que no aparezca nadie en la fotografía o se ría del sombrero que has hecho). Pon al niño «humano» cerca de la cámara con la mano extendida como si sujetara algo. Dile al niño disfrazado que se vaya hacia atrás hasta que se le vea muy pequeño y que se mueva a derecha o izquierda hasta que parezca que está sobre la mano extendida del otro niño.

Diles que ajusten un poco la cabeza para que parezca que se están mirando y que adopten una expresión sonriente. Saca unas cuantas fotos y luego deja que los niños intercambien los papeles. Mientras esperas a que las revelen, invéntate una historia de cómo apareció esa criatura y por qué fue puesta en libertad.

Monstruo marino

MATERIALES: Un calcetín · Materiales de manualidades (rotuladores, botones, pinturas, material de costura) · Una cámara

Si tienes un calcetín suelto por casa (¿y quién no?), intenta recrear la famosa fotografía del monstruo del lago Ness.

Decora el calcetín para que parezca la cabeza y el cuello de una especie de dinosaurio. Utiliza materiales de manualidades para añadir los ojos, los dientes, las aletas o las escamas. Los calcetines oscuros son más convincentes, pero uno rosa de lunares puede resultar muy divertido.

Decide quién se pondrá el calcetín (tu hijo o tú) y luego id a un lago (o a una piscina). Mientras el fotógrafo coge la cámara, el que lleve el calcetín debe coger aire, sumergirse y poner al monstruo en su sitio sacando una mano del agua.

Para que el tamaño y el lugar no dejen de ser un misterio, en la fotografía sólo debe aparecer la criatura en el agua. Un pato curioso o un trampolín distante estropearían la imagen. Saca fotos del monstruo saliendo a la superficie, mirando a su alrededor y zambulléndose de nuevo. Surcando un lago o jugando en una piscina, vuestras fotos serán toda una bomba.

Consejo práctico: Decide quién hará cada cosa en función de las habilidades natatorias, no fotográficas. Es mejor tener una mala fotografía de un buen nadador con un calcetín que una buena de alguien que se está hundiendo.

Platillo volante

MATERIALES: Un objeto con forma de platillo volante (un sombrero, la tapa de un cubo, el plato del perro) · Materiales de manualidades (pinturas, brillantina, botones, preferiblemente de colores metálicos)

Busca algo que pueda parecer un platillo volante y decóralo para ocultar su identidad. Añade pintura, brillantina, botones o cualquier otra cosa para que tenga un aspecto metálico. Ata una cuerda a tu platillo y cuélgalo de la rama de un árbol. Retrocede hasta que la cuerda no se vea y saca una fotografía. De ese modo dará la impresión de que el platillo pasa volando por detrás del árbol.

Si quieres que haya un poco de movimiento dile a tu hijo que lance el platillo al aire y saca la foto cuando pase por delante de ti. Si la imagen sale un poco borrosa comenta que iba a mucha velocidad.

Consejo práctico: No uses la vajilla de casa para hacer el platillo. Si mamá reconoce algún plato en la fotografía (aunque no lo hayas roto), tu cámara será secuestrada.

43
Supersticiones curiosas
El lado divertido de las leyendas populares

Las supersticiones son nociones irracionales basadas en el azar. Son falsas creencias del concepto de causa y efecto que han sobrevivido durante siglos sin ninguna base científica. Pero también pueden ser muy divertidas. Ayuda a tus hijos a tener buena suerte, a evitar la mala suerte y a predecir su futuro convirtiendo estos «cuentos de viejas» en cosas de risa.

Siete cosas que dan buena suerte

(Enséñaselas a los niños y pruébalas tú también)

1. Comer alubias pintas el día de Año Nuevo.
2. Decir «Conejo, conejo» al comenzar cada mes.
3. Echarte sal sobre el hombro izquierdo.
4. Levantar los pies y contener la respiración al cruzar un puente.
5. Levantar los pies cuando el coche pasa sobre una vía férrea.
6. Encontrar un trébol de cuatro hojas.
7. El número siete.

Trece cosas que traen mala suerte

(Prevén a los niños y ten cuidado con ellas)

1. Pasar por debajo de una escalera.
2. Mecer una mecedora en la que no hay nadie.
3. Cruzarse con un gato negro (sobre todo si eres un ratón).
4. Abrir un paraguas en casa.
5. Dejar los zapatos encima de la mesa.

6. Ponerse un sombrero en la cama.

7. Romper un espejo. (¡Siete años de mala suerte!)

8. Ignorar una carta encadenada. (O su versión informática, el temido e-mail encadenado.)

9. Derramar sal.

10. Hacer daño a una mariquita.

11. Encontrar un pájaro volando en casa.

12. Levantarse con el pie izquierdo.

13. El número trece.

Siete cosas más que dan buena suerte

(Para que las buenas superen a las malas)

1. Encontrar una moneda boca arriba. (Si está boca abajo dale la vuelta y dile a tu hijo que la coja.)

2. Colgar una herradura sobre una puerta.

3. Ver un elefante (real o imaginario) con la trompa hacia arriba.

4. Ver tres mariposas juntas.

5. Llevar una pata de conejo. (Esto no da buena suerte a los conejos.)

6. Atrapar un grillo en casa.

7. Encontrar una rana en casa. (No se sabe qué ocurre si la rana atrapa al grillo, pero suponemos que todo el mundo dormirá tranquilo.)

Una docena de augurios

(Señales inequívocas de lo que va a ocurrir)

1. Si te pica el pie harás un viaje.

2. Si te pica la palma de la mano recibirás dinero.

3. Si te pica el dorso de la mano perderás dinero.

4. Si te pica la nariz alguien está pensando en ti.

5. Si te suena el oído izquierdo alguien está hablando bien de ti.

6. Si te suena el oído derecho alguien está hablando mal de ti.

7. Si se te cae una cuchara te visitará una mujer.

8. Si se te cae un tenedor te visitará un hombre.

9. Si se te cae un cuchillo romperás el hechizo (o te cortarás el pie).

10. Si pasas por encima de alguien no crecerá.

11. Si pisas una grieta te partirás la espalda.

12. Si pones esa cara se te quedará así.

SUPERMOMENTO
Seguridad paterna

Mi padre tenía tres supersticiones que según él me mantendrían seguro. Cuando compartíamos una buena noticia tocábamos madera para que los espíritus no nos oyeran e intentaran estropear las cosas.

Si íbamos copiados de la mano y teníamos que separarnos decía «pan con mantequilla» para mantener el contacto conmigo hasta que volvíamos a cogernos.

Cuando yo salía de casa se daba la vuelta antes de que desapareciera para asegurarse de que regresaría sano y salvo.

Nunca creí que esas cosas funcionaran, pero demostraban que me quería y haría cualquier cosa por protegerme, y eso hacía que me sintiera seguro. Al mirar hacia atrás estoy convencido de que ése era su objetivo.

44
Pide un deseo
Buenos deseos para todos

Los niños no suelen tener problemas a la hora de desear cosas. Y Superpapá tiene un don especial para averiguar qué desean.

Razones para desear

He aquí una docena de razones para pedir deseos, desde las más evidentes a las más fabulosas.

Anima a tu hijo a pedir un deseo cuando...

1. Sople las velas de una tarta de cumpleaños.
2. Sople un diente de león.
3. Sople una pestaña que se le haya caído.
4. Vea una estrella fugaz.
5. Vea la primera estrella de la noche.
6. Vea el primer copo de nieve del invierno.
7. Vea el colgante de una cadena tocando el cierre.
8. Observe en la pantalla de un reloj digital que todos los números son iguales (3:33, 5:55; a las 11:11 se puede pedir un deseo especial).
9. Eche una moneda en un pozo de los deseos.
10. Se quede con la parte más larga de un hueso con forma de horquilla.
11. Atrape a un duende.
12. Frote una lámpara y libere a un genio.

Los dos últimos son un poco raros, así que vamos a añadir uno más: la próxima vez que tu hijo vaya a comer un trozo de pastel dile que corte la punta y la aparte. Explícale que si deja el «primer bocado» para el final habrá un cambio en el tiempo y el espacio que creará un torbellino mágico que le permitirá pedir un deseo.

SUPERMOMENTO
Correo especial

Mi hija pide un deseo cada vez que recibimos una carta con un sello en el que hay una flor. Yo guardo en la oficina un montón de sellos de flores que pego sobre los otros cuando quiero sorprenderla. Me cuestan treinta y cuatro céntimos cada uno, pero merece la pena. Los amigos de la familia conocen nuestro ritual y utilizan sellos de flores cuando nos escriben.

Momentos mágicos

Con un poco de imaginación puedes convertir las situaciones cotidianas en momentos extraordinarios.

Piensa en cosas divertidas que ocurran muy de vez en cuando, en cosas absurdas que ocurran todas las semanas o en cosas habituales que ocurran a diario. Otorga a esos momentos poderes mágicos, compártelos con tu hijo en secreto y desead lo que queráis.

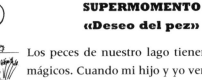

SUPERMOMENTO
«Deseo del pez»

Los peces de nuestro lago tienen poderes mágicos. Cuando mi hijo y yo vemos saltar a uno decimos «Deseo del pez» y comenzamos a recitar el alfabeto. Yo digo «A», él dice «B» y así sucesivamente. Si un pez da un salto mientras alguien está hablando, esa persona puede desear cualquier cosa que empiece por esa letra.

Reglas para desear

En el antiguo reino de los deseos, un sabio declaró que los deseos se deben pedir en silencio, y que si revelamos lo que deseamos el deseo no se hará realidad. Puede que la palabra «sabio» sea excesiva.

Aunque la regla de que los deseos deben ser secretos da un toque de misterio al asunto, también plantea una serie de problemas. ¿Cómo puedes conceder un deseo si no sabes de qué se trata? ¿Podrías hacerlo si lo averiguas? ¿Deberías conceder a tu hijo todos sus deseos?

He aquí algunas sugerencias para resolver estos dilemas:

- **Busca pistas.** Habla casualmente de los deseos antes de que ocurra nada para tener una idea de lo que piensa tu hijo.
- **Inventa tus propias reglas.** «Si nos damos la mano y pedimos un deseo al mismo tiempo podemos decirnos qué hemos deseado.»
- **Establece límites.** Concede sólo los deseos que te parezcan adecuados, concede un deseo al mes o concédelos según cómo se comporte tu hijo.

Tú eres el mago en tu mundo personal de los deseos: Utiliza tu sabiduría como desees.

DÉCIMA PARTE

El mejor amigo

45
Entre tú y yo
Un curso clandestino
de correspondencia secreta

Los mensajes secretos son una forma estupenda de relacionarte con tus hijos. Además de compartir algo que nadie más conoce, os permitirán comunicaros cuando estéis separados y darán un toque de misterio a la rutina cotidiana. Toma nota de estas ideas y pásaselas a tus hijos.

Mensajes en clave

Los mensajes en clave son mensajes secretos en los que las letras se permutan o se reemplazan por otro símbolo. He aquí cinco de nuestros favoritos:

ABC 123

Sustituye cada letra por el número correspondiente. (Papá sería 17 1 17 1.)

A	B	C	D	E	F	G	H	I	J	K	L	M	N	Ñ	O	P	Q	R	S	T	U	V	W	X	Y	Z
1	2	3	4	5	6	7	8	9	10	11	12	13	14	15	16	17	18	19	20	21	22	23	24	25	26	27

Intercambio de letras

Sustituye cada letra por otra elegida al azar. Escribe el código en una hoja y envíalo antes que la nota.

A	B	C	D	E	F	G	H	I	J	K	L	M	N	Ñ	O	P	Q	R	S	T	U	V	W	X	Y	Z
W	A	Q	X	Z	V	Ñ	Y	P	R	L	N	J	K	M	I	O	T	H	G	U	F	E	D	C	S	B

Dibujos significativos

Piensa en cosas que empiecen por las letras del alfabeto y haz un dibujo pequeño de cada una de ellas (un árbol, un bolso, un caracol, un dado).

Utiliza una parte de cada dibujo para representar cada letra (las raíces del árbol = A, el asa del bolso = B, la cabeza del caracol = C, una cara del dado = D).

Ejasnem la séver

Escribe el mensaje hacia atrás para que haya que leerlo colocándolo frente a un espejo.

Mensaje espaciado

Escribe bien la frase pero deja unos espacios para que parezca que todas las palabras tienen el mismo número de letras. Si es necesario añade una o dos «X» al final y dile a tu hijo que son besos adicionales.

TEH   EES   CRI   TOE   STO   PAR   ADE   CIR   TEQ   UET   EQU   IER   OXX

SUPERLISTA
Diez sitios en los que puedes poner los mensajes secretos para que tu hijo los encuentre

1. En una fiambrera.
2. En una carta o postal.
3. En uno de sus libros favoritos.
4. En un tarro de galletas o una caja de cereales.
5. En un zapato o un bolsillo.
6. En la caja de un CD o una casete.
7. En una botella flotando en la piscina.
8. Debajo de una almohada.
9. Pegados con cinta adhesiva a uno de sus juguetes.
10. Escritos sobre el polvo de un mueble.

Mensajes mágicos

Tinta invisible
MATERIALES: Un palillo de dientes • Zumo de limón • Un papel blanco •
Un foco de calor (para leer el mensaje)

Mete la punta de un palillo de dientes en zumo de limón y escribe en una hoja de papel. El mensaje permanecerá oculto hasta que el papel se caliente sobre una lámpara.

Consejo práctico: Ayuda a tu hijo a sostener el papel sobre la lámpara para que no se queme los dedos, el papel o la casa.

Idea borrosa
MATERIALES: Una pastilla de jabón • Un espejo

Humedece una punta de una pastilla de jabón y escribe con ella sin apretar mucho en el espejo del cuarto de baño. Cuando tu hijo se dé una ducha caliente y el baño se llene de vapor, el mensaje aparecerá en el espejo como por arte de magia.

Señales secretas

Llamada personal
Crea con tu hija una combinación especial de llamadas y respuestas para que sepáis siempre quién está detrás de una puerta cerrada.

Contraseña
Elige una palabra o frase original que haya que decir por teléfono para comprobar quién está al otro lado de la línea.

SUPERMOMENTO
Apretón de manos familiar

Cuando era pequeño mi padre y yo inventamos un apretón de manos especial que compartimos durante años antes de que yo lo olvidara al llegar a la adolescencia.

Dos décadas después, un día que estábamos en casa de mis padres, mi hijo de seis años me dijo que quería mostrarme algo que le acababa de enseñar el abuelo. En cuanto me cogió la mano supe exactamente de qué se trataba.

Aquello me hizo revivir de forma inmediata algunos de los recuerdos más maravillosos de mi infancia. Entonces, me acerqué a mi padre y le di las gracias compartiendo con él nuestro apretón de manos por primera vez en casi veinte años.

Ahora lo utilizamos los tres con regularidad.

Un gran juego de cartas

La baraja decodificadora de papá

Envía mensajes especiales creando un código secreto
con una baraja de cartas. Después de presentar
las cartas a tu hijo ayúdale a descifrar las palabras
que se han perdido en la mezcla.

Crea tu baraja decodificadora

MATERIALES: Una baraja de cartas • Una hoja de papel • Un rotulador fino
• Gomas

Mezcla una baraja de cartas. No es necesario
que esté completa, así que es una ocasión perfecta para usar ese juego en el que faltan unas cuantas cartas.

Anota el orden de las cartas de arriba abajo en
una hoja de papel.

Dibuja los palos o escribe las iniciales para que la lista sea rápida y fácil de leer.

Escribe tu mensaje especial

Pon un par de gomas, en el sentido longitudinal, alrededor de las cartas
para que no se muevan. Utiliza un rotulador fino para escribir a los lados de la baraja.

Para hacer un mensaje más largo corta la baraja en
varios montones, envuélvelos con gomas y escribe
una parte del mensaje en cada montón.

Oculta tu mensaje

Baraja las cartas para que las palabras se conviertan en una maraña de líneas. El mensaje sólo se podrá leer volviendo a poner las cartas en el orden en el que las has escrito.

Entrega la baraja

Método directo

Dale a tu hijo una caja de cartas que contenga la baraja mezclada junto con la hoja del código para que pueda ordenar bien las cartas.

Método indirecto

Dale a tu hijo una carta con las instrucciones para encontrar la siguiente escrita en la parte delantera. En cada carta habrá indicaciones para localizar la siguiente. («Mira en el tarro de galletas»; «Mira debajo de tu almohada»; «Coge el diccionario y busca la palabra "carta"».) La última carta le conducirá a la hoja del código.

Descifra el mensaje

Enseña a tu hijo a utilizar el código ordenando un par de cartas. Busca la primera carta de la lista y ponla boca arriba. Luego busca la segunda y ponla sobre la primera. Continúa hasta que lo haya entendido y después dale las cartas para que siga haciéndolo él.

Siéntate a su lado y observa cómo sonríe a medida que aparecen tus palabras mágicas. Cuando haya descifrado el mensaje, guardad las cartas y cread juntos una baraja decodificadora con un mensaje especial para mamá.

SUPERLISTA

Diez posibles mensajes para la baraja decodificadora de papá

1. Te quiero.
2. Feliz cumpleaños.
3. Estoy orgulloso de ti.
4. Vamos a ir de vacaciones.
5. La abuela viene a visitarnos.
6. Tu bicicleta nueva está en el garaje.
7. Vamos a subirte la paga.
8. Vas a tener una hermanita.
9. Felicidades por entrar en el equipo.
10. Deja de jugar con las cartas y haz los deberes.

Te quiero

Cómo compartir esas maravillosas palabras

A Superpapá no le da vergüenza expresar sus sentimientos a sus hijos. Lo que le da vergüenza es hacerlo como siempre. De cualquier modo, el mensaje llegará siempre a su corazón. He aquí algunas formas especiales de decir «Te quiero».

Dilo por escrito

Escribe el mensaje en hojas de papel. Entrégalo directamente, pásalo en secreto, cuélgalo con orgullo o escóndelo para que tu hijo lo encuentre inesperadamente.

Dilo con gestos

Señálate un ojo, señálate el corazón y después señala a tu hijo.

Dilo con las manos

Seguro que tu hija ha oído ya un montón de veces, en canciones, películas o de tus labios, la expresión «I LOVE YOU», o sea, «te quiero» en inglés (si no es así, asegúrate de explicárselo antes). La ilustración te muestra cómo decírselo con las manos: con el índice en alto representas la letra «I», luego saca el pulgar haciendo ángulo con el índice para formar la «L» y, por último, señala a tu hija con el índice para que le quede claro que es a ella a quien quieres.

Hemos optado por el inglés porque resulta muy fácil de representar y de entender, pero si prefieres decírselo en vuestra lengua, forma una «T» con los índices de las dos manos para formar la palabra «Te». Haz un aro con el índice y el pulgar de la mano derecha, y pon el índice de la mano izquierda en la parte inferior para formar el rabo de la Q (de «quiero»). Por último, levanta el índice derecho y señala con él a tu hija.

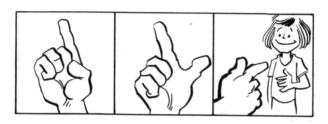

Dilo con números

Señala los números 2 y 6 con los dedos, márcalos en una calculadora o escríbelos en un papel. Los números coinciden con la cantidad de letras de cada palabra: Te = 2, quiero = 6.

Dilo con teclas

Utiliza un teléfono o un busca para enviar el mensaje a través del código morse.

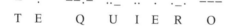

T E   Q   U   I   E   R   O

Dilo con un jeroglífico

Dibuja una taza de té y al lado un queso con el texto –eso (que indica lo que se resta), luego una «I» y una «E» grandes y, por último, una rosa con el texto –sa.

Dilo con apretones de mano

Aprieta la mano de tu hijo dos veces (una por cada palabra). Hazlo cuando pasees cogido de su mano o al formar un círculo para jugar. Tu hijo te puede responder con cuatro apretones («Yo también te quiero»).

Dilo con una señal

Dilo con sonidos

Expresa esas dos palabras con una serie de sonidos. (Dos bocinazos cuando vayas en el coche, dos golpes en el guante cuando juegues al béisbol, dos golpecitos con la cuchara cuando remuevas el café del desayuno.)

Dilo de otro modo

Sustituye esas palabras por una frase alternativa que hayas elegido con antelación («Me pican los pies», «¿Tienes un chicle?», «Alguien ha pisado un caramelo»). Si dices la frase en cualquier situación, sólo tú sabrás qué significa (y tu hijo, claro).

Sácalo

Esas palabras están en tu corazón. Sácalas para que tu hijo capte el mensaje. Utiliza las ideas anteriores o hazlo de la forma más directa de todas: mira a tu hijo a los ojos y dile «Te quiero».

SUPERLISTA
Diez formas de decir «Te quiero» en otros idiomas

1. **Africano.** Ek het jou lief.
2. **Alemán.** Ich liebe dich.
3. **Francés.** Je t'adore.
4. **Hawaiano.** Aloha wau ia oi.
5. **Inglés.** I love you.
6. **Italiano.** Ti amo.
7. **Japonés.** Aishiteru.
8. **Jerga.** Iay ovlay ouyay.
9. **Polaco.** Kocham Ciebie.
10. **Ruso.** Ya tebya liubliu.

48
Otra historia
Cuentos realmente originales

Hay tantos buenos cuentos como momentos oportunos para compartirlos. Cuenta cuentos a la hora de ir a la cama, en los viajes, alrededor de una hoguera, en fiestas, en días lluviosos o en cualquier otro momento que te sientas inspirado. He aquí algunos consejos para contar historias extraordinarias.

Suspense I
¿Cuál es la mejor manera de mantener a los niños intrigados? Te lo contaremos más adelante.

Historias improvisadas
Crea cuentos originales deteniéndote a mitad de frase para que tu hija la complete.

Ejemplo

Papá	Niña
Érase una vez una...	¡Rana!
Que se llamaba...	¡Hanna Banna!
Un día Hanna Banna vio un...	¡Cerdito montado en un cisne!

Con un poco de práctica mejorarán los cuentos y el trabajo en equipo. Tu hija comenzará a anticipar las pausas y tú podrás adaptar el argumento al tipo de respuestas que más utilice. Nunca se sabe qué puede ocurrir con una historia improvisada, pero normalmente ocurren cosas fantásticas.

PARA DESAYUNAR TOMÓ...

¡SOPA DE CHOCOLATE!

Poesía improvisada

Esto es más fácil de lo que parece. Comienza a recitar un poema y lleva a tu hijo en la dirección adecuada para que diga una palabra que rime al final de cada frase.

Ejemplo

Papá	Niño
Érase una vez un...	¡Gato!
Que llevaba en el pie un...	¡Zapato!
El zapato era de color...	¡Rojo!
Y le hacía daño porque era...	¡Cojo!

Si tu hijo utiliza palabras complicadas como «naranja» o «elefante», anímale a inventar palabras sin sentido para completar las rimas. Con una hormiga del planeta Largaespiga se puede hacer una poesía muy divertida.

Mezcla original

Anuncia a bombo y platillo que vas a contar una historia *original* y luego introduce de forma «casual» detalles de cuentos o películas famosas. Mantén un diálogo absurdo hasta que tengas suficientes ideas para crear una historia realmente original.

Ejemplo

Papá	Niña
¡Se me ha ocurrido una historia genial!	Cuéntamela.
Érase una vez una niña llamada Alicia.	Ya me la sé.
Que vivía en una casa con siete enanitos.	¡Ésa era Blancanieves!
La casa fue destruida por un lobo muy malo.	¡Los tres cerditos!
Y luego fueron volando al País de Nunca Jamás!	¡El de Peter Pan!

Aventuras familiares

Cuenta historias que hayan sucedido a gente que conozcas. No hace falta que las inventes. Sólo tienes que recordarlas.

Comienza hablándole a tu hijo de cosas que le ocurrieron cuando era más pequeño (su primer día de clase, su segundo cumpleaños, el gol que marcó en un partido). A él le encantará completar los detalles que se te olviden y corregir lo que no cuentes bien.

También puedes narrar anécdotas de tu infancia, recordar contratiempos románticos con mamá y contar historias de familiares cercanos. Sea quien sea el protagonista de las aventuras, estos relatos preservarán vuestra historia familiar para las futuras generaciones.

Suspense II

Crea un poco de suspense para captar la atención de tu hijo y hacer que se pregunte qué pasará después. Crea un personaje interesante (un superhéroe, un científico, tu hijo como protagonista). Envía a ese personaje a vivir una aventura, lleva la historia a un punto culminante y luego detente.

Lanza un par de preguntas retóricas («¿Se encontrará nuestro héroe con la horma de su zapato?», «¿Logrará recuperar el pepinillo gigante?») y termina con un «Lo averiguaremos mañana».

Entre un relato y otro tu hijo tendrá la oportunidad de soñar con esa aventura y tú podrás pensar cómo vas a sacar al héroe del lío en el que está metido. Intenta comenzar una nueva aventura los lunes por la noche, acaba con ella el viernes y dedica el fin de semana a buscar ideas para la siguiente.

49
Siluetas
en la pared
Ilumina la noche con sombras

Aunque la noche sea oscura, no es necesario que sea triste. Con un poco de imaginación siempre se pueden animar las cosas. Utiliza una linterna o una lamparita para crear unas sombras sorprendentes.

La niña gigantesca

Enfoca a tu hija por detrás con una luz para proyectar una sombra de tamaño real en la pared. Acércate a ella bajando la mano pero inclinando la luz hacia arriba. De ese modo parecerá que su sombra es cada vez más grande. Para cuando llegues al suelo a la altura de sus pies, su cabeza se elevará en el techo sobre ti.

El hombre metamórfico

Dile a tu hijo que se ponga frente a una luz mirando hacia ti. Ponte detrás de él para que tu sombra cubra la suya por completo. Doblad el cuerpo y estirad las extremidades para crear al hombre con cuatro piernas, al hombre con tres brazos o al hombre con dos cabezas.

La asombrosa cabeza hambrienta

Siéntate frente a una luz para que tu hija vea un gran perfil de tu cabeza en la pared. Levanta un objeto para que su sombra se vea con claridad en tus dedos y acércalo a la boca bien abierta.

Deja que el objeto desaparezca en la sombra de tu cabeza para que dé la impresión de que te lo has tragado. Para completar la ilusión muestra las manos vacías, chasquea los labios o lanza un eructo.

Empieza engullendo un muñeco pequeño o un bloque de madera y vete aumentando el tamaño de los tentempiés hasta acabar tragando camiones de juguete, pelotas de playa y animales de peluche.

Sombras chinescas

Prueba algunos de estos trucos para dar forma a estas criaturas nocturnas.

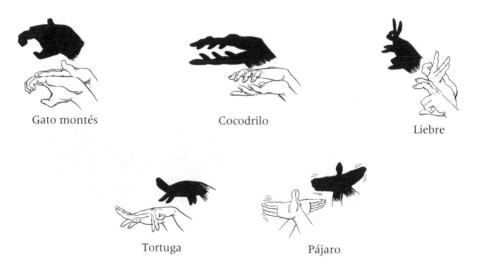

Gato montés

Cocodrilo

Liebre

Tortuga

Pájaro

Sombras de papel

MATERIALES: Papel grueso • Cola o cinta adhesiva • Unas tijeras

Las marionetas de papel son estupendas para contar una historia. Hemos creado una serie de personajes clásicos para que puedas representar un cuento tradicional. Fotocopia y amplía los dibujos en un papel grueso, recórtalos y pégalos en palos de helado. Proyecta sus sombras en la pared y comienza tu aventura.

Niño   Niña   Perro   Gato   Ratón

Caballo

Dragón

50
El gran final
de Superpapá
Fórmulas especiales
para terminar el día

Al final de un gran día siempre hay un «buenas noches».
El tiempo que dediques a tu hijo antes de acostarle no tiene
por qué ser aburrido. He aquí algunas sugerencias para que
los momentos finales del día también sean memorables.

Siete sorpresas para siete noches

Crea un poco de emoción cada noche con una nueva actividad. Siéntate con tu hija todos los domingos para pensar en siete cosas que po-
dríais hacer juntos para que todas las noches sean especiales. Escribid cada idea en un trozo de papel, dobladlos
y ponedlos en un sombrero.

Dile a tu hija que saque una sugerencia del sombrero
cada noche. Lo que elija se debe realizar y disfrutar a tope
antes de ir a la cama. Rellena el sombrero todos los domingos añadiendo nuevas ideas o volviendo a poner sugerencias que resulten especialmente divertidas.

He aquí siete ideas para comenzar:

1. Leer un cuento más.
2. Jugar a algún juego favorito.
3. Bailar al ritmo de una canción.
4. Buscar insectos con una linterna.
5. Buscar constelaciones o estrellas fugaces.
6. Dar un paseo a caballito por el jardín a medianoche.
7. Acostarse quince minutos más tarde.

SUPERMOMENTO
Nanas roqueras

Cuando era pequeña mis padres solían hacer turnos para dormirme. Aunque mi madre se limitaba a las nanas tradicionales, mi padre me cantaba sobre todo canciones de rock en voz baja.

Mi madre se reía del repertorio de papá, pero yo creo que sólo quería enseñarme la música que le gustaba, y a mí me parecían canciones infantiles. Para los cuatro años ya me sabía la letra de *El submarino amarillo*, *El rock de la cárcel*, *Puente sobre aguas turbulentas* y muchas otras.

Si íbamos en el coche y en la radio sonaba una de esas canciones, papá y yo las cantábamos juntos a nuestro estilo.

Ahora yo les canto nanas roqueras a mis hijos, y todavía me emociono cuando oigo en la radio una de las «canciones de buenas noches» de mi padre.

SUPERLISTA
Diez besos típicos de buenas noches

1. Beso del pez. Besa a tu hijo en broma con los labios fruncidos.

2. Beso de la mariposa. Hazle cosquillas con las pestañas abriendo y cerrando los ojos.

3. Beso esquimal. Frota tu nariz suavemente contra la suya.

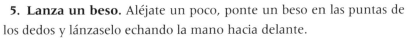

4. Sopla un beso. Aléjate un poco, ponte un beso en las puntas de los dedos y sóplalo hacia tu hijo.

5. Lanza un beso. Aléjate un poco, ponte un beso en las puntas de los dedos y lánzaselo echando la mano hacia delante.

6. Besos monstruosos. Haz ruidos raros y pon caras horrorosas mientras le das besos rápidos y divertidos por toda la cara.

7. Sorpresa. Acércate a tu hijo para darle un beso y, en vez de eso, hazle una sonora pedorreta en la mejilla.

8. Besos desviados. Intenta besarle la frente y dale un beso en el pelo. Intenta besarle la mejilla y dale un beso en la oreja. Intenta besarle los labios y dale un beso en la nariz.

9. Beso motorizado. Tírate de la oreja para arrancar los labios como un motor. Agítalos ruidosamente hasta que toquen la cara de tu hijo.

10. Beso con trampa. Dile a tu hija que te dé un beso en la mejilla y gira la cabeza en el último momento para que te lo dé en los labios.

Poema de buenas noches de Superpapá

Cuando la luna brilla en lo alto,
recuerdo con todo mi cariño
el gran día que hemos pasado.
Cuando te arropo en la cama,
te digo con una sonrisa
que estoy orgulloso de ser tu papá.
Cuando apago la luz de tu habitación,
pienso en las cosas estupendas
que hemos hecho juntos tú y yo.
Cuando te doy un beso de despedida,
mi corazón se llena de amor
por la persona más importante de mi vida.

Conclusión

Si estás leyendo esta página, eso quiere decir que has terminado el libro, te has saltado un montón de capítulos o lo has empezado a leer por el final. Si ninguna de estas respuestas se ajusta a tu situación, nos hemos equivocado, pero tú no. Así pues, continúa leyendo.

Transmisión

Eres un Superpapá. Has descubierto grandes secretos. Has compartido momentos especiales. Has creado recuerdos. ¿Qué puedes hacer ahora? ¡Transmitirlos!

No puedes mantener esos secretos para siempre. Lo creas o no, llegará un día en el que querrás revelar a tus hijos la fuente de tus superpoderes. Lo retrasarás todo lo posible. Intentarás convencerte de que nunca es el momento adecuado. Pero algún día, cuando tus hijos tengan sus propios hijos, te darás cuenta de que debes hacerlo.

Enseñar a unos niños grandes los secretos de los trucos que les han fascinado durante años es uno de los pequeños placeres de la vida, que suele ir acompañado de una recompensa aún mayor: observar cómo realizan las mismas proezas para sus hijos.

Guarda tus secretos mientras tu hijo necesite que seas un héroe y transmíteselos cuando esté preparado para convertirse en un Superpapá. Cuando llegue el momento, saca este libro de su escondite y entrégaselo.

Si se queda sorprendido al descubrir que muchos de tus mejores trucos estaban sacados de un libro, dile que eres un viejo amigo nuestro y que para escribirlo nos inspiramos sobre todo en ti.

Ahora está en sus manos. Ten fe. Él continuará con tu trabajo.

Los momentos que habéis compartido están grabados en su mente. El amor que le has dado está sembrado en su corazón. Le has transmitido una herencia de magia y alegría que permanecerá en tu familia para siempre.

Retírate y disfruta de la gloria. Tú eres el auténtico Superpapá.

Agradecimientos

Nos gustaría agradecer especialmente a las siguientes personas sus ideas, comentarios, sugerencias, historias, correcciones, consejos, ánimo, paciencia, cariño e inspiración. Sin ellas este libro no habría sido posible. ¡MUCHÍSIMAS GRACIAS!

Sherrell Preuss	Orvel Ray Wilson	David Williamson	Johnny «Ace»
Jaret Preuss	Eric Mead	Terry Ward	Palmer
Tracy Livera	Doc Eason	John Ekin	El equipo de
Carol Livera	Harrison Carroll	Todos nuestros	Perigee Books
Michelle Livera	Tim Conover	amigos de SCT	Pat Williams
Michael Livera	Eugene Burger	Scott Sugiuchi	Hayley Fensch
Bobby Livera	Martin Gardner	Rob Smith Jr.	Kris Fensch
Petra Livera	Pat Williams	La novia de Rob	Jamie Fensch
Cris Shank	Toni Crippen	Jay Marshall	Judy Frank
Alan James	Toni Brent	Todd Baker	Christopher
Novotny	Tim Hill	Greg Godek	Murphy
Harold Wilhelm	Kerry Pollock	Mike Larsen	Beth Vaughn
Allison Auld	Randy Schwagger	Elizabeth	Wendy Gray
Terri Risius	Dave Davidson	Pomada	Janine Brown
Mark S.A. Smith	Danny Archer	Aye Jaye	Pat Franklin

Los alumnos de la Discovery Middle School

¡Participa en nuestro próximo libro!

Gracias por adquirir este libro. Esperamos que hayas disfrutado leyéndolo tanto como nosotros escribiéndolo. Si te lo ha regalado alguien, por favor dale un abrazo a esa persona de nuestra parte. Si lo has robado has escogido una mala carrera, pero has hecho una elección literaria excelente.

Esperamos que *Superpapá* os proporcione a tu familia y a ti momentos maravillosos durante mucho tiempo. Ya estamos trabajando en la segunda parte. Estamos descubriendo secretos, inventando trucos y recopilando «supermomentos» de padres como tú.

Si al leer este libro se te ocurre un «supermomento» de tu propia vida nos gustaría incluirlo en el siguiente. Envíanos un momento especial que hayas compartido con tus hijos para inspirar a los padres de todo el mundo. También puedes enviarnos un «supermomento» de tu infancia para rendir un homenaje a tu Superpapá.

Si tienes un recuerdo para compartir, una pregunta que quieras plantear o unos minutos libres para navegar por la red antes de que llegue el jefe, visita nuestra página web: www.amazingdad.com.

Si tus ideas se incluyen en la segunda parte recibirás nuestro más sincero agradecimiento y, lo mejor de todo, un ejemplar del libro gratis.

EL NIÑO Y SU MUNDO

Títulos publicados: